Kvauer 2 9

GÜTERSLOHER
VERLAGSHAUS

Für unsere Kinder und Enkelkinder

»Die Zukunft gehört denen,
die der nachfolgenden Generation
Grund zur Hoffnung geben.«

Teilhard de Chardin (1881–1955)

»L'Avenir de l'Homme«

Horst W. Opaschowski

SO WOLLEN WIR LEBEN!

Die 10 Zukunftshoffnungen der Deutschen

Unter Mitarbeit von
Irina Pilawa-Opaschowski

Gütersloher Verlagshaus

Bibliografische Information der Deutschen Nationalbibliothek

Die Deutsche Nationalbibliothek verzeichnet diese Publikation
in der Deutschen Nationalbibliografie; detaillierte bibliografische
Daten sind im Internet über https://portal.dnb.de abrufbar.

Verlagsgruppe Random House FSC® N001967
Das für dieses Buch verwendete FSC®-zertifizierte
Papier *Munken Premium Cream* liefert
Arctic Paper Munkedals AB, Schweden.

1. Auflage
Copyright © 2014 by Gütersloher Verlagshaus, Gütersloh,
in der Verlagsgruppe Random House GmbH, München

Druck und Einband: CPI – Ebner & Spiegel, Ulm
Printed in Germany
ISBN 978-3-579-07076-6

www.gtvh.de

Inhalt

»Schafft und hofft!«

JEAN PAUL (1763–1825)
Friedens-Predigt an Deutschland

Vorwort

»Was sollen wir tun? Was dürfen wir hoffen?«

Die Politik in Deutschland regiert *am Lebensgefühl der Menschen vorbei*. Klimawandel? Energiewende? Rente mit 63? Das entspricht nicht dem wachsenden Bedürfnis der Deutschen nach einem »guten Leben« – in Frieden und Freiheit, in Sicherheit und sozialer Geborgenheit. Natürlich geht es Deutschland derzeit gut: Mehr Arbeitsplätze. Höhere Löhne und Renten. Expandierende Unternehmen. Die Wirtschaft wächst. Der Lebensstandard steigt – nur die *persönliche und soziale Lebensqualität* ist infrage gestellt und die Vorsorge für die nächste Generation droht auf der Strecke zu bleiben. Höherer Lebensstandard wird von Wirtschaft und Politik vorschnell mit mehr Lebensqualität verwechselt. Mehr Autos, mehr Smartphones und mehr Mindestlöhne machen die Menschen nicht zufriedener, wenn gleichzeitig die Sorge um die Unsicherheit der eigenen Zukunft wächst.

Eine Ära der Unsicherheit hat weltweit begonnen. Viele Menschen müssen umdenken und lernen, in und mit dauerhaft unsicheren Zeiten zu leben. Krisen sind Normalität geworden. Die Finanzmärkte haben diese Volatilität als Erste zu spüren bekommen. Kein Vermögenswert ist mehr wirklich sicher. Nach dem amerikanischen Risikoforscher Nicholas Taleb brauchen wir ein neues Denken für eine Welt, die bei allem Fortschritt

9

immer unberechenbarer wird. Seine Antwort und Empfehlung auf die Herausforderungen in unsicheren Zeiten lautet: »*Antifragilität*« (Taleb 2013). Damit ist eine Lebenshaltung gemeint, die mehr als stark, solide, robust und unzerbrechlich ist. Wer sich antifragil verhält, *steht Unsicherheiten und Ungewissheiten geradezu positiv und offensiv gegenüber* – und rechnet mit Unberechenbarkeiten. Das können auch unwahrscheinliche Ereignisse mit massiven Folgen sein.

Als beste Expertin für Antifragilität gilt seit jeher die Natur: Sie zerstört und wächst zugleich. In den Jahrmilliarden ihrer Existenz hat sie es immer wieder geschafft, fortzubestehen. Statt unter unerwarteten Erschütterungen zu leiden, regeneriert sie sich kontinuierlich. Wir können *von der Natur lernen, Ungewissheiten zu ertragen* und das Gesellschaftssystem nicht mehr mit einer Waschmaschine zu verwechseln, die ständig repariert werden muss, um am Ende doch nur auf dem Schrotthaufen zu landen ...

Als der Kernreaktor in Fukushima 2011 von einem Tsunami heimgesucht wurde, lautete die Entschuldigung: »So etwas hat es noch nie zuvor gegeben.« Das System Natur hätte ganz anders argumentiert: »In Zukunft kann es noch schlimmer kommen.« *Extreme gehören zur Natur.* Auch eine Erklärung dafür, warum wir uns in Deutschland alle fünf bis zehn Jahre von einer sogenannten »Jahrhundertflut« so überrascht geben, statt uns darauf einzustellen, dass sich das Limit noch weiter verschieben kann. Je mehr wir uns *auf Unberechenbarkeiten einstellen*, desto weniger verwundbar sind wir bei großen Zukunftsschocks – wie z. B. einer weltweiten Rezession oder Pandemie, einem Erdbeben oder einem Terroranschlag.

Im Herbst 2013 legte die international besetzte Oxford Martin Commission for Future Generations, der u. a. der Nobelpreisträger Amartya Sen angehörte, den Zukunftsplan »Now for the Long Term« vor. Es war der Versuch, den Stillstand aufzubrechen und *eine kollektive Vision* zu entwickeln, um auf die Herausforderungen der Zukunft vorbereitet zu sein: Vom Kampf gegen weltweite Krankheiten wie Krebs und Diabetes über die Abwehr von Cyberattacken bis hin zum Klimaschutz (OMC 2013). Dies ist auch die Begründung und das Anliegen dieses Buches: Wir müssen die *Strukturen, Institutionen und Programme des 20. Jahrhunderts* für die Herausforderungen des 21. Jahrhunderts *grundlegend reformieren.*

Das Programm der Bundesregierung hatte nach der Meseberger Klausurtagung der Großen Koalition im Januar 2014 einen Namen bekommen: *»Gutes Leben – Lebensqualität in Deutschland«.* Es klingt wie eine Verheißung »jenseits des Geldes«. Ressortübergreifend soll fortan ergründet und bearbeitet werden, was den Bürgern jenseits von Brot und Arbeit wichtig ist. Die Politik will Antworten auf die Frage geben, welche Ansprüche die Bürger »an ein gutes Leben stellen« (Angela Merkel nach Abschluss der Kabinettsklausur auf Schloss Meseberg am 14. Januar 2014). Deshalb sollen »zunächst die Interessen der Bürger näher erkundet« werden. Das vorliegende Buch »So wollen wir leben!« ist eine erste Antwort darauf – aus der Sicht der Bürger und 2014 auf repräsentativer Basis erhoben.

Seit dem 11. September 2001 und den weltweiten Finanz- und Wirtschaftskrisen hat das *Wirtschaftswachstum* seine *Aura als grenzenloser Fortschrittsmotor* verloren. »Immer mehr« bedeutet nicht »Immer besser«. Und ein höherer Lebensstandard geht nicht zwangsläufig mit einem Wachstum an Lebensqualität einher. Das neue alte Zukunftsthema lautet: *Heute gut – und morgen möglichst besser leben!* Deshalb sagen die Bürger selbst: So wollen wir leben! Sie formulieren ihre Zukunftshoffnungen und geben die Richtung und die Inhalte vor, auf die

Politiker und Parteien in ihrer Programmatik offensiv zugehen sollen, wenn sie nicht den Anschluss und den Bezug zur Bevölkerung verlieren wollen.

Wer die feststellbare Unzufriedenheit großer Teile der Bevölkerung in Deutschland beklagt, muss *Wohlstandspolitik als Wohlfahrtspolitik verstehen* und dafür Sorge tragen, dass alle – jede(r) auf ihre/seine Weise – gut leben und das Beste aus dem eigenen Leben machen können. Dabei geht es um das persönliche Gelingen des Lebens, bei dem Geld nicht die erste Geige spielt. Lebensinhalt und Lebenssinn fangen erst jenseits von Geld und Gütern an. Dies trifft auch für den Job zu: Wohlstand heißt heute für jeden zweiten Berufstätigen, *einen Beruf haben, der Sinn macht* – und nicht nur Geld bringt.

In der Zukunftsforschung geht es seit jeher um die zentrale Frage: Was müssen wir heute tun, um *morgen sorgenfrei leben* zu können? Dazu brauchen wir keine Haushaltsroboter oder Avatare, die für uns virtuell einkaufen gehen, auch keine fliegenden Autos und kein Wasser in allen Farben aus dem Duschkopf, allenfalls kompostierbare T-Shirts oder digitale Assistenzärzte, die uns gesund alt werden lassen. Nicht die Politik, sondern die Bevölkerung sagt deshalb, wie Deutschlands Zukunft wirklich gestaltet werden soll – ganz im Sinne von Albert Einsteins Empfehlung: »Mehr als die Vergangenheit interessiert mich die Zukunft, denn in ihr gedenke ich den Rest meines Lebens zu verbringen.«

Die Zukunft hat immer zwei Gesichter: Im Idealfall halten sich Hoffnungen und Sorgen, Chancen und Probleme die Waage, weil beide Aspekte Bestandteile eines einzigen Phänomens sind – so wie Krisen im Leben auch Chancen für einen Neubeginn sein können. Schließlich haben die Chinesen für Krise und Chance ein und dasselbe Schriftzeichen: Beide Begriffe leben voneinander. Aus der Sicht der Zukunftsforschung befassen sich die optimistischen Gesellschaftsforscher mehr mit den Gewinnern des sozialen Wandels, während sich die Pessimisten fast nur um das Schicksal der Verlierer kümmern. So gesehen haben beide recht.

Die folgende Studie weitet den Blick für eine Zukunft im Plural – für verschiedene »Zukünfte«, zwischen denen wir wählen und die wir auch gestalten können. Jede Weiche, die wir heute stellen, eröffnet ein Stück neue Zukunft, sorgt für mehr Zukunftsgewissheit und für weniger Zukunftsangst.

Das Buch will Antworten des 21. Jahrhunderts auf Immanuel Kants berühmte Fragen geben:

- Was können wir wissen?
- Was sollen wir tun?
- Was dürfen wir hoffen?

So kann Zukunft auch ein anderes Wort für Hoffnung sein.

A. SO WOLLEN WIR NICHT LEBEN!

I. Zukunftsblindheit.
Deutschland ohne Visionen

Die Politik in Deutschland hat keine Vision für die nächste Generation. Sie reagiert meist kurzfristig, fast auf Zuruf und *arbeitet tägliche Aufregungsthemen der Medien ab.* Und die Parteien wirken dabei wie Selbsterhaltungssysteme, denen es primär um ihren Machterhalt geht. Die Bevölkerung hingegen wünscht sich eine Politik, die ein Morgen und Übermorgen kennt und nicht nur im Heute verharrt.

Ein Land ohne Vision ist ein Land ohne Konzeption. Es gibt keine verlässliche Planung und keine konkrete Vorstellung darüber, wie Deutschlands Zukunft von Politik, Wirtschaft und Gesellschaft *gemeinsam gestaltet* werden soll. Der Eindruck entsteht: Die Politik beschäftigt sich fast nur mit Themen, die *jetzt* angepackt und einer Lösung zugeführt werden sollen – vom Betreuungsgeld bis zum Mindestlohn. Auf eine *Politik für die nächste Generation* warten die Wähler vergebens. Und ein systematisches Nachdenken über zwei oder drei Legislaturperioden findet erst gar nicht statt. Entscheidungen mit Langfristfolgen werden fast nur in Notfällen (wie z. B. bei der Katastrophe von Fukushima) gefällt. Ansonsten agieren Politiker und Parteien *von Wahl zu Wahl.*

Schon vor einem halben Jahrhundert rief der junge amerikanische Präsident John F. Kennedy den Deutschen in der Frankfurter Paulskirche zu: »Macht alle Boote flott. Das wahre deutsche Wunder ist Ihre *Abkehr von der Vergangenheit – um der Zukunft willen*« (vgl. Jung/Mundt 1964, S. 27). Wer nur auf die Vergangenheit blickt, verpasst mit Sicherheit die Zukunft. Und so sah seinerzeit auch die Wirklichkeit in Deutschland aus: Für Deutschland war »*die Zukunft ein Tabu*« (Dirks 1964).

16

Auch heute gilt: Zukunftspolitik ist ein Tabuthema. Wohl steigen die Kurse, die Preise, die Löhne, die Ansprüche – aber in den Vorstellungen der Politik von der Zukunft ändert sich nichts. Haben die Traumata aus fünfzig Jahren Krieg, Inflation und Arbeitslosigkeit die Politik in Deutschland zukunftsblind gemacht?

Zukunft ist für Politik und Gesellschaft oft nichts anderes als die verlängerte Gegenwart (Angela Merkel: »Zukunft? Das sind die nächsten drei Monate«). Die Bevölkerung muss sich daher weiterhin mit der Gestaltung der Gegenwart zufriedengeben – wie vor fünfzig Jahren, als sich die meisten Deutschen mit einem politischen *»Klima der verlängerten Gegenwart«* (Dirks 1964, S. 51) arrangierten. In Deutschlands politischer Landschaft dominiert das *Status-quo-Denken:* Politiker favorisieren den *Istzustand* und sind gegenüber grundlegenden Strukturreformen misstrauisch und skeptisch. Was sich etabliert hat, gilt als bewährt (vgl. Lotz 2013, S. 150). Politiker brauchen dann nicht mehr um Akzeptanz und Mehrheiten zu kämpfen.

Andererseits: Ist die Bevölkerung wirklich zukunftsorientierter? Die Deutschen wollen schon *Fortschritte, Innovationen und Reformen* – aber bitte mit Sicherheitsgarantien. Zu viel Neues verunsichert. Sie wollen einer sicheren Zukunft entgegensehen. Sie sind durchaus bereit, Opfer für die Zukunft zu bringen – wenn alle anderen ebenfalls dazu bereit und davon betroffen sind. Aus der Sicht der Bevölkerung gilt: Opfer zur Sicherstellung der Lebensqualität für sich und die nächste Generation müssen gerecht verteilt sein – auf alle.

In einem Interview kritisierte der Präsident der Europäischen Zentralbank (EZB), Mario Draghi, die geradezu *perverse Angst der Deutschen vor einer Inflation* in naher Zukunft. Diese harsche Kritik löste in Deutschland politische Proteste aus. Denn »pervers« bedeutet im Deutschen nichts anderes als »abartig«

und »widernatürlich«. Schon wenige Tage später musste Draghi in einer eigens einberufenen EZB-Pressekonferenz politisch zurückrudern: Seine Formulierung sei ein Missverständnis und Übersetzungsfehler gewesen. Im Englischen habe »perverted« die Bedeutung, jemand »*verharre im Irrtum*« (Draghi am 9. Januar 2014). Mit anderen Worten: In Deutschland gibt es eine »irrtümliche Angst« vor dem Ungewissen. Ob nun abartig oder irrtümlich:

> Die Angst der Deutschen, die wegen der niedrigen Zinsen um die Ersparnisse für ihre künftige Altersvorsorge bangen, ist durchaus realistisch – so lange jedenfalls, wie Zukunftsfragen zur Sicherheit von gesetzlicher Rente und privater Altersvorsorge von der Politik in ihren Planungen und Perspektiven weitgehend ausgeblendet werden.

Doch ein erster Einstellungswandel zeichnet sich derzeit in Deutschland ab: *Zukunftspolitik ist nach Einschätzung der Bevölkerung inzwischen mehrheitsfähig.* Der Gedanke der Generationengerechtigkeit eint die Menschen in Deutschland. Politiker müssen nicht länger den vermeintlichen Leidensdruck der Bevölkerung befürchten. Wenn sich heute schon 30-Jährige um ihre Zukunftssicherung ernsthafte Gedanken machen, dann kann sich auch die Politik nicht mehr länger ihrer Zukunftsverantwortung entziehen.

»Mehr Zukunft wagen!« heißt die politische Agenda. Wenn Politiker wirklich dafür Sorge tragen, dass die persönliche Zukunft *und* die Zukunft der nächsten Generation gesichert werden, dann ist die Bevölkerung in Deutschland auch bereit, *vorübergehend Einschränkungen im Lebensstandard* hinzunehmen.

Die Bürger erwarten von der Politik mehr als Gegenwartsbewältigung und krisenbewusstes Handeln. Politiker sollen sich zu Verlässlichkeitspartnern wandeln. Gerade in Krisenzeiten wollen die Bürger verlässliche Antworten auf die Frage, wohin es in Zukunft geht.

Politik hat eine *Pflicht zur Zukunft.* Die Aufgabenstellung der Politik steht ganz in der Tradition von Max Weber (1864–1920), der frühzeitig in seiner Doppelrolle als Soziologe *und* Politiker zwei zentrale Fragen stellte: »*Was sollen wir tun? Wie sollen wir leben?*« (Weber 1919/1992, S. 93). In Zeiten von Globalisierung und wachsender Beschleunigung muss die Politik *mehr Weitsicht wagen* und sich auch als Zukunftspolitik verstehen.

Eine *vorausschauende Politik* ist in unsicheren und schnelllebigen Zeiten unverzichtbar. Voraussetzung dazu ist aber ein gemeinsamer Zukunftswille. Deutschland braucht eine *neue Gründerzeit:* Was die amerikanischen Pioniere und Siedler einst geschafft haben, ist in Deutschland die historische Wiederaufbauleistung der Nachkriegsgeneration gewesen. Jetzt – in Zeiten weltweiter Krisen und Verunsicherungen – muss eine *zweite Wiederaufbauleistung beginnen*, bei der wir Spuren und nicht nur Staub hinterlassen.

II. Zukunftssorgen.
Unsicherheiten und Dauerkrisen

1. *Wovon sollen wir in Zukunft leben?*

1.1 Das Schlaraffenland ist abgebrannt

Wir erleben derzeit die dritte Phase der Wohlstandsentwicklung in Deutschland:

- In Phase 1 – den *Kriegs- und Nachkriegszeiten* der Vierziger- und Fünfzigerjahre – waren die meisten Menschen in Deutschland froh, ein Dach über dem Kopf zu haben und keine Not zu leiden. Es dominierte der Versorgungskonsum.
- In Phase 2 – *nach dem deutschen Wirtschaftswunder* – wurde in den Sechziger- bis Neunzigerjahren »Wohlstand für alle« möglich und veränderte sich die Anspruchshaltung der Deutschen: »Ich will Spaß, ich will mehr ...« Der Erlebniskonsument wurde geboren.
- In Phase 3 – *nach der Jahrtausendwende, dem 11. September 2001 und der weltweiten Finanzkrise seit 2009* – nehmen die finanziellen Sorgen auf breiter Ebene wieder zu und wächst die Sehnsucht nach Stabilität und Sicherheit: »Sicher leben statt viel haben« lautet die neue Leitlinie des Lebens.

Dies geht aus dem Nationalen WohlstandsIndex für Deutschland (NAWI-D) hervor, den das Sozialforschungsinstitut Ipsos in Zusammenarbeit mit dem Autor entwickelt hat. Im Zeitraum von 2012 bis 2014 wurden 16.000 Personen repräsentativ danach befragt, wie sie ihre eigene Lebenssituation einschätzen. Das Ergebnis: Den meisten Deutschen geht es heute gut – aber ihre Zukunft scheint vielen nicht mehr sicher. Das

WOHLSTAND UND LEBENSQUALITÄT IN DEUTSCHLAND
Welche Ansprüche die meisten Bürger an ein gutes Leben stellen

---

Was nach Meinung der Bevölkerung erfüllt sein muss, um gut leben zu können:

75 %   Keine finanziellen Sorgen haben

68 %   Ein sicheres Einkommen haben

62 %   Sich materielle Wünsche erfüllen können

62 %   Einen gesicherten Arbeitsplatz haben
           (Rentner: Eine sichere Rente haben)

61 %   Eigentum besitzen (Haus/Wohnung/Auto)

60 %   Für die eigene Zukunft finanziell vorsorgen können
           (Rentner: Für die eigene Zukunft vorgesorgt haben)

55 %   Sich eine gute medizinische Versorgung leisten können

54 %   Keine Angst vor der Zukunft haben

53 %   Sich gesund fühlen

Basis: Repräsentativbefragung von 16.000 Personen ab 14 Jahren
        von Juni 2012 bis März 2014 in Deutschland

Wohlstand-für-alle-Versprechen droht zur Enttäuschung für große Teile der Bevölkerung zu werden.

In Zeiten, in denen sich weltweit Krisenherde ausbreiten, wächst die Sehnsucht der Bevölkerung nach Sicherheit und verändert sich ihre Vorstellung von Wohlstand und Lebensqualität. Drei Viertel der Deutschen (75 %) antworten auf die Frage, was sie unter Wohlstand verstehen: »*Keine finanziellen Sorgen haben.*« Es dominiert der Wunsch nach einem sicheren Einkommen (68 %) und einem sicheren Arbeitsplatz (62 %). Aber auch Werte wie »sich eine gute medizinische Versorgung sten können« spielen für jeden zweiten Befragten (55 %) eine Rolle.

Es ist schon bemerkenswert, dass das Wohlergehen der Deutschen mehr negativ definiert wird. Die Bundesbürger wollen

- »keine« finanziellen Sorgen und
- »keine« Angst vor der Zukunft

haben. Das steht ganz obenan auf ihrer Wunschliste: Von satten Wohlstandsbürgern keine Spur. Es geht um Leib und Leben – und nicht um Glücksgefühle. Die Deutschen haben ganz andere Sorgen. Da mag es der Wirtschaft noch so gut gehen: Vor dem Hintergrund stetig steigender Lebenserwartung in unsicheren Zeiten wird die persönliche Zukunftsvorsorge immer fragwürdiger.

Wohlstand fängt für die Bundesbürger mit dem persönlichen Wohlergehen an und hat mittlerweile mehr mit der Erhaltung der Lebensqualität als mit der Steigerung des Lebensstandards zu tun. Vor dem Hintergrund steigender Lebenserwartung werden mit zunehmendem Alter *Gesundheit und Lebensqualität* (und nicht etwa Konsum und Lebensstandard) immer wichtiger. Die Lebensdevise lautet dann: »Lieber ein neues Knie als ein neues Auto!« Eine lohnende Investition in die Zukunft angesichts der Tatsache, dass die meisten Menschen in Zukunft ein Vierteljahrhundert im Ruhestand leben »müssen«.

Die Frage »Wovon sollen wir künftig leben?« ist für viele Bundesbürger bisher unbeantwortet geblieben. Fast zwei Drittel der Bevölkerung (60 %) würden gern für die Zukunft vorsorgen, aber nur 38 % der Bundesbürger können es auch wirklich tun. Dies bedeutet: *Nicht nur der Staat, auch die Bürger bilden keine Rücklagen und Reserven für die Zukunft.* Auch eine Erklärung dafür, warum sich das Wohlstandsdenken der

Deutschen verändert: »*Sicher leben statt viel haben!*« heißt die neue Leitlinie des Lebens.

Drei Viertel der deutschen Bevölkerung (75 %) erwarten von einem Leben im Wohlstand, keine finanziellen Sorgen zu haben. Doch nur 36 % geben an, aktuell keine Geldsorgen zu haben. Die Hoffnungen, gut und sorgenfrei leben zu können, haben sich für die meisten Deutschen nicht erfüllt. Die Verheißungen der Wohlstandsgesellschaft, sich über den Lebensunterhalt hinaus besondere materielle Wohlstandswünsche erfüllen zu können, erweisen sich für fast jeden dritten Bundesbürger (30 %) als Illusion. Ebenfalls nur jeder Dritte (36 %) gibt an, »keine finanziellen Sorgen« und »keine Angst vor der Zukunft zu haben« (38 %).

Die Wohlstandsgesellschaft entlässt ihre Kinder in eine relativ unsichere Zukunft. Die Wohlstandswende kommt im Lebensalltag der Deutschen an. Die Menschen spüren dies. *Die fetten Jahre sind vorbei – das Schlaraffenland ist abgebrannt.* Die  Erkenntnis macht sich breit: Für die nächste Generation wird es in Zukunft viel schwieriger sein, ebenso abgesichert und im Wohlstand zu leben wie die heutige Elterngeneration. Die Zeiten im warmen Bad des Wohlstands sind vorbei.

Die Hoffnungen auf ein gutes Leben erfüllen sich nicht. Zu groß ist die Sorge um die Sicherheit von Job und Einkommen. Die Wohlstandsfrage ist für viele Bundesbürger zur Existenzfrage geworden. Die spürbaren Wohlstandsdefizite verändern das Anspruchsniveau der Deutschen. Sorgenfrei leben und keine Existenzängste haben: Ist das der neue Wohlstand der Deutschen?

1.2   Leben im Unwohlstand

Das Wachstum des Bruttoinlandsprodukts (BIP) ist kein Gradmesser für Wohlstand und Lebensqualität mehr. Auch wenn die Wirtschaft wächst, bleibt das *Lager der »gefühlten« Wohlstandsverlierer* stabil. Fast jeder vierte Deutsche (23 %) fällt nach Berechnungen aus dem NAWI-D in die Kategorie »niedrig« beim ökonomischen Wohlstand. Dies bedeutet: Fast jeder Vierte in Deutschland ist *nicht arm, aber fühlt sich armutsgefährdet.* Die Armutsschwelle bedroht zunehmend die mittleren Einkommensbezieher, die um den Erhalt ihres Wohlstands bangen. *Statt Wohlstand heißt es für viele Unwohlstand:* Sie können sich nicht mehr richtig wohlhabend fühlen, sind aber auch noch nicht richtig arm. Sie leben prekär und haben Angst, abgehängt zu werden.

Das NAWI-D-Ergebnis stimmt fast punktgenau mit den Analysen des Deutschen Instituts für Wirtschaftsforschung (DIW) überein. Das DIW hat 2014 auf Basis der Langzeitstudie Sozioökonomischer Panel (SOEP) ermittelt: *»Gut ein Fünftel«* aller Erwachsenen in Deutschland (22 %) verfügt über *»kein persönliches Vermögen«* (DIW Wochenbericht Nr. 9/2014, S. 156).

> Ein Ende prekärer Lebensverhältnisse in Deutschland ist nicht in Sicht. Über 16 Millionen Menschen in Deutschland leben zwischen Nichtmehr-Wohlstand und Noch-nicht-Armut. Sie fühlen sich vom Wohlstandsleben zwischen Ausgehen, Shopping und Urlaubsreise weitgehend ausgegrenzt.

Ein *Wohlstandsgraben* zieht sich durch Deutschland. Die Hamburger (15 %) und die Bayern (18 %) sind von Armutsrisiken am wenigsten, die Bewohner in Sachsen (36 %) und Mecklenburg-Vorpommern (37 %) am meisten betroffen. Und auch fast jeder dritte Berliner (31 %) muss nicht darben, hungern oder frieren, aber hat Angst vor finanziellen Wohlstandsverlusten. Befristete Jobs im Niedriglohnbereich und schlechtere berufliche Absicherungen lassen trotz bundesweiter Rekordbeschäftigungen die *Armuts- und Wohlstandsgrenzen in Deutschland immer fließender* werden.

1.3 Die ungleiche Verteilung des Wohlstands

Die Verteilung des Wohlstands in Deutschland entscheidet über das Wohlergehen der Menschen – in der Familie genauso wie am Arbeitsplatz. Wer – wie die Große Koalition in Meseberg – das »gute Leben« in Deutschland programmatisch fordert, muss von einem *umfassenden Wohlstandsverständnis* der Bevölkerung ausgehen, das nicht nur ökonomische Interessen im Blick hat.

Nach dem repräsentativen NAWI-D auf der Basis von 16.000 Befragten geht es den Menschen in Deutschland derzeit unterschiedlich gut. In den WohlstandsIndex fließen Parameter des ökonomischen, ökologischen, gesellschaftlichen und individuellen Wohlstands ein. Im Bundesländervergleich sind Bayern (53 %) und Hamburg (54 %) die Gewinner und Brandenburg, Sachsen und Sachsen-Anhalt (je 33 %) die eindeutigen Verlierer der Wohlstandsverteilung. Die Wohlstandskarte Deutschlands lässt dennoch keine Rückschlüsse auf ein mögliches West-Ost-Gefälle erkennen. Denn die Thüringer schätzen sich ähnlich wohlhabend ein (40 %) wie die Hessen (39 %). Und die Bewohner in Mecklenburg-Vorpommern (40 %) können durchaus einem Vergleich mit den Rheinland-Pfälzern (39 %) standhalten, weil sie den größten ökologischen Wohlstand in Deutschland aufweisen.

Naturnähe und Nachhaltigkeit sind auch jenseits von Arbeit und Brot ein Indikator für Wohlstand und Lebensqualität.

Andererseits liegen geradezu Welten zwischen einzelnen Bundesländern, wenn es um die *Sicherheit des Arbeitsplatzes* geht. Hierbei ist eine große Kluft zwischen alten und neuen Bundesländern feststellbar. Hamburger haben die sichersten Arbeitsplätze; fast zwei Drittel der Beschäftigten (61 %) in Hamburg machen sich um ihren Arbeitsplatz keine Sorgen. In den ostdeutschen Bundesländern ist es genau umgekehrt: 63 % der Ostdeutschen haben Angst um ihren Job – am meisten die Bewohner in Brandenburg (68 %) und Mecklenburg-Vorpommern (67 %). Vom Wohlstandsleben können sie nur träumen, solange sie um die Sicherheit ihres Lebensunterhalts bangen müssen. Eine Gerechtigkeitswende steht in Deutschland noch aus.

Wer in Zukunft mehr Lebensqualität für die Bevölkerung schaffen und sichern will, muss Arbeitsmarktpolitik neu denken: Aus der Sicht der Bevölkerung werden Beschäftigungssicherheiten wichtiger als Einkommenserhöhungen und Mindestlöhne. Oder die Menschen in Deutschland müssen umdenken und krisenfester werden – also lernen, Krisen und unsichere Zeiten als neue Normalität anzunehmen und auszuhalten.

1.4 Abschied von Luxusträumen

Die meisten Deutschen nennen bei der Frage nach ihrem aktuellen Wohlstandsverständnis *Geld, Gesundheit und Geborgenheit* wie z. B.

- »bezahlbare Wohnung«, »geregeltes Einkommen« und »immer ein bisschen Geld in der Tasche«,

26

- »intakte Umwelt«, »gesundes Leben« und »Bioprodukte«,
- »glückliche Familie«, »viele Freunde« und »friedliches Zusammenleben«.

Die ökonomischen Wohlstandswünsche ihres Wohlstandsdenkens sind bescheiden darauf gerichtet,

- die »täglichen Rechnungen« und »neue Zähne« bezahlen zu können,
- »nicht jeden Cent zweimal umdrehen zu müssen« und
- »abgesichert und sorgenfrei ins Alter schauen zu können«.

Hingegen fängt *Wohlstand im Sinne von Reichtum und Luxus* für die Deutschen erst an,

- wenn sie nicht mehr täglich »auf's Geld achten müssen«,
- wenn sie mehr haben, als sie zum Leben brauchen (»ein gutes Sparbuch«, »ein Haus, ein Auto und schöne Kleider«) und
- wenn sie sich fast alles leisten können, was sie sich wünschen (»von der Hängematte bis zur Luxusreise«).

Solche Luxusträume bleiben weitgehend unerfüllt. Bei den meisten Deutschen dominieren die *Sorgen um das Morgen.* Im Wohlstandsverständnis der Deutschen spielen auch im 21. Jahrhundert Gedanken an frühere Notzeiten eine Rolle wie z. B. »Ein Dach über dem Kopf haben« oder »Genug zu essen haben«. Viel größer aber sind mittlerweile die Angst vor Wohlstandsverlusten und die Sorge um die Zukunft.

Nur auf den ersten Blick stimmt das medial vermittelte Bild, wonach Deutschland ein Wohlstandsniveau erreicht hat, das einmalig ist: »Die Lebenserwartung war nie höher, die medizinische Versorgung nie besser, der Zugang zu Bildung nie umfassender, der gesetzlich garantierte Urlaub nie länger, die Arbeitszeit nie kürzer« (Broder 2014, S. 2). Das ist objektiv

richtig, aber subjektiv falsch. Denn so schwarz-rot-goldig geht es der Bevölkerung wirklich nicht.

2. Sorgen um das Morgen.
Zukunftsängste der Deutschen

Wir leben in einer Welt, in der als Folge von Globalisierung und digitaler Vernetzung die Krisenherde weltweit zunehmen. Ein *Gefühl kollektiver Betroffenheit* breitet sich in vielen Ländern aus. Die Krisenherde scheinen in ihren Folgen unberechenbar zu sein. Der subjektive Eindruck bei den Menschen entsteht: *Wir schlittern von einer Krise zur nächsten.* Phasen des Aufschwungs werden ganz schnell wieder von Phasen des Abschwungs eingeholt. Gefühlt leben wir in einer globalen Dauerkrise, bei der die Zeiten zwischen den Krisen immer kürzer werden – auch eine Erklärung dafür, warum die Wirtschaftsleistung mancher Länder heute immer noch geringer ist als vor der großen Krise von 2009. Und das in einer Zeit, in der die Welt des Internets geradezu explodiert und die nächsten technologischen Innovationswellen (»Internet der Dinge«/»Intelligente Gegenstände«/»Wearables«) Einzug in den Lebensalltag halten.

Das Freiheitspostulat des Grundgesetzes stößt an seine Grenzen, wenn Sicherheit und Grundgeborgenheit großer Teile der Bevölkerung nicht mehr gewährleistet sind. Wenn also der Freiheitsgewinn, wozu auch die Freiheit im Netz zählt, in Sicherheitsverlust umschlägt, *schwindet die Zukunftsgewissheit* und es machen sich Verunsicherung und Angst vor der Zukunft breit. Weil Gesellschaft und Politik vielen Bürgern keinen schützenden Sicherheitsrahmen mehr ›verbürgen‹ können, wird der *Hunger nach Sicherheit größer als der Durst nach*

Freiheit. Und die nationale Maxime gesellschaftlichen Lebens lautet eher: »Einigkeit und Recht und ... Sicherheit.«

Insbesondere armutsgefährdete Schichten der Bevölkerung können mit dem Freiheitspathos immer weniger anfangen, wenn Krisen und unsichere Zeiten zur neuen Normalität werden. Dabei geht es nicht um maßlose Sicherheitsansprüche der Bürger, sondern um existenzielle Sicherheiten – Arbeitsplatzsicherheit. Einkommenssicherheit. Geldwertsicherheit. Versorgungssicherheit. Zukunftssicherheit. Nicht die Freiheit ist ein Opfer der Krise, sondern die Sicherheit. Ohne Sicherheit ist Freiheit nicht viel wert. Erst mit Sicherheit fängt Freiheit richtig an.

Unsichere Zeiten sind nicht neu, wohl aber das Ausmaß, die Intensität und Dauer von Krisen, die in immer kürzeren Abständen auftreten und in ihren Auswirkungen extremer und globaler werden – Finanz- und Wirtschaftskrisen genauso wie Umwelt- und Gesellschaftskrisen. Wir leben in einer Ära der Unsicherheit und müssen lernen, damit umzugehen. Die junge Generation kennt gar nichts anderes: Unsicherheit ist normal für sie.

Die individuell gefühlte Unsicherheit nimmt auf breiter Ebene zu. Und weil die Menschen – und damit auch die Verbraucher – so verunsichert sind, verlieren selbst Unternehmen ihre Sicherheit: »Noch nie haben wir in so vielen Unternehmen so viel Unsicherheit gespürt«, registriert das Institut TNS Infratest 2014 in aktuellen Umfragen. Ein geradezu *freier Fall des Wertes Sicherheit* ist feststellbar. In dieser Situation muss jeder selbst sehen, wie er »ohne Sicherheit bestehen« kann (Wippermann/Krüger 2014, S. 9). Die Folge: Sicherheit wird und muss immer mehr in vertrauensvollen Beziehungen zu Familie und Freunden gesucht und gefunden werden.

SO WOLLEN WIR NICHT LEBEN!
Zukunftsängste der Deutschen

Als „größte Sorge für die nächsten zehn bis zwanzig Jahre" nennen:

59 % Die Inflationsgefahr
„Preissteigerungen"

58 % Der Arbeitsplatzverlust
„Arbeitslosigkeit"

51 % Die Kriminalitätsangst
„Kriminalität"

48 % Das Armutsrisiko
„Armut"

47 % Die Wohlstandskluft
„Zweiklassengesellschaft"

42 % Die Rentenfalle
„Mindestrente"

41 % Die Fremdenangst
„Wachsender Ausländeranteil"

40 % Die Krankheitskosten
„Gesundheitsvorsorge"

38 % Die Klimaveränderung
„Klimawandel"

33 % Das Umweltproblem
„Umweltbelastung"

30 % Der Schuldenberg
„Verschuldungsrisiko"

30 % Der Pflegenotstand
„Pflegeversicherung"

28 % Die Terrorismusbedrohung
„Terrorismus"

Basis: Repräsentativbefragung des Ipsos-Instituts bei 1.000 Personen ab 14 Jahren
2014 in Deutschland

2.1   Die Inflationsgefahr

Die gefühlte Inflationsgefahr in Deutschland wird immer größer. Die *Angst vor Preissteigerungen* ist mittlerweile mehr als doppelt so hoch (2013: 56 % – 2014: 59 %) wie die subjektiv empfundene Bedrohung durch den Terrorismus (2013: 32 % – 2014: 28 %). Vor allem Familien mit Kindern machen sich Sorgen: Zwei Drittel von ihnen (66 %) nennen Preissteigerungen als größte Zukunftssorge. Dem Verantwortungsdruck gegenüber ihren Kindern können sie sich nicht entziehen. Steigende Preise für Güter des täglichen Bedarfs vom Lebensmitteleinkauf bis zur Tankstellenrechnung beunruhigen die Deutschen – zumindest in der subjektiven Wahrnehmung. Dagegen setzen sie persönliche Widerstandskräfte frei und halten sich eher bei den privaten Konsumausgaben zurück.

Die Kluft zwischen der amtlichen und der gefühlten Inflationsrate wächst:

- Die amtliche Inflationsrate enthält Durchschnittswerte und basiert auf statistischen Erhebungen allgemeiner Konsum- und Wirtschaftsdaten (»Warenkorb«) durch das Statistische Bundesamt.
- Die gefühlte Inflationsrate spiegelt die subjektive Wahrnehmung der Menschen beim Konsum des täglichen Bedarfs (z. B. Lebensmittel-, Benzin- und Mietpreise) wider. Die ganz persönliche Inflationsrate kann erheblich von der amtlichen abweichen – je nach persönlichen Wohn-, Lebens- und Einkommensverhältnissen.

Wenn Preissteigerungen, Inflationsrisiken und Geldentwertung zunehmen, dann fangen die Menschen wie in früheren Notzeiten an, Geld zu bunkern und Notgroschen zurückzulegen. Sie praktizieren eine *Vogel-Strauß-Haltung:* Trotz extrem niedriger Zinsen machen sie das Sparbuch zur wichtigsten Geldanlage. Sie stecken den Kopf in den Sand – und verschließen die Augen vor möglichen Geldverlusten.

Im Gegensatz zur Angst der deutschen Bevölkerung vor der Inflation wächst eher die Sorge der internationalen Finanzpolitik, insbesondere der Europäischen Zentralbank (EZB) durch Mario Draghi, vor der Deflation, also sinkenden Preisen. Dann wird auf längere Sicht eine Abwärtsspirale für die Wirtschaft befürchtet, weil die Preise für die Produkte sinken, aber die Löhne der Beschäftigten stabil bleiben oder gar steigen.

2.2 Der Arbeitsplatzverlust

Seit den Siebzigerjahren gilt die Angst vor *Arbeitslosigkeit* als größte Sorge der Deutschen. In den anhaltend unsicheren Zeiten der letzten Jahre hat die Angst vor dem Arbeitsplatzverlust (2013: 52 % – 2014: 58 %) eine besondere psychische und soziale Belastung erfahren. Nichts gilt mehr als sicher – der feste Arbeitsplatz nicht und das feste Einkommen auch nicht. Dies bekommt vor allem die junge Generation zu spüren. Über zwei Drittel (67 %) der 14- bis 34-Jährigen sind desillusioniert: Sie machen sich keine großen Hoffnungen mehr im Hinblick auf eine Festanstellung.

Von den Politikern erwartet die Bevölkerung in Deutschland, dass sie das Arbeitslosenproblem vordringlich lösen. Im Prioritätenkatalog politischer Handlungsbedarfe soll daher die Arbeitslosenproblematik weiterhin an oberster Stelle stehen. Es reicht aber nicht aus, an diesem Problem nur zu »arbeiten«. Das Problem muss langfristig auch »gelöst« werden, damit insbesondere Langzeit- und Sockelarbeitslosigkeit überwunden werden können. Denn mit jeder Rezession kommt es schubartig und fast treppenförmig zu einem Anstieg der Arbeitslosigkeit, der nach dem Konjunkturaufschwung nicht wieder im gleichen Maße abgebaut werden kann.

Vor dem Hintergrund des demografischen Wandels zeichnet sich als Tendenz für 2030 ab: Vier Erwerbstätige haben sechs Nichterwerbstätige zu versorgen. Gesellschaftlich gesehen wird dies Wohlstands- und Wohlfahrtsverluste zur Folge haben.

Für die Verhinderung von Arbeitslosigkeit kann sicher nur ein Bündel von Maßnahmen wirksam sein. Andererseits haben die Amerikaner schon frühzeitig deutliche Trendzeichen für die Zukunft gesetzt: *Die Beschäftigten arbeiten immer länger.* Die wöchentliche Durchschnittsarbeitszeit amerikanischer Fabrikarbeiter liegt bei etwa 43 Stunden. Hinzu kommen noch mindestens fünf Überstunden. Lediglich 14 Urlaubstage pro Jahr stehen den Arbeitern offiziell zu. Doch fast ein Drittel nimmt den Urlaub nicht voll oder gar nicht in Anspruch.

Auch in Deutschland *gehört die Phase ständig kürzer werdender Arbeitszeit der Vergangenheit an.* So wird es in Zukunft neben neuen Arbeitszeitregelungen (z. B. Teilzeitverträgen) auch veränderte Finanzierungsüberlegungen (z. B. Mindestlöhne, Sozialabgaben, Vermögensbildung) geben. Das Wirtschaftswunder der Fünfzigerjahre – eine Folge von Nachkriegszeit und Wiederaufbauphase – kommt jedenfalls nicht wieder. Das reale Bruttoinlandsprodukt in Deutschland wird eher stagnieren und nicht stetig wachsen können.

2.3   Die Kriminalitätsangst

Aus der internationalen Sozial- und Wertewandelforschung geht hervor: Europa hat viele Seelen, aber keine gemeinsame Identität. Die Europäer sind in Vielfalt geeint. Beim Gedanken an die Zukunft aber gibt es eine bemerkenswerte Gemeinsamkeit: die *Angst vor Kriminalität* (Opaschowski/ Reinhardt 2008). Ob Deutschland, Russland, Finnland, Italien, Großbritannien oder die Schweiz: Überall sind die Menschen in Sorge um mögliche Wohlstandsverluste und beunruhigt über wachsende Kriminalität. Deutschland macht hier keine Ausnahme.

Mittlerweile bereitet jedem zweiten Bundesbürger (2013: 47 % – 2014: 51 %) die Kriminalität am meisten Sorgen – vor allem in den Großstädten (55 %), während erfahrungsgemäß auf dem Land die soziale Kontrolle größer und die Kriminalitätsangst (37 %) geringer ist. Beethoven nannte die Missa solemnis einmal sein »größtes Werk« – verbunden mit der »Bitte um *inneren und äußeren Frieden*«. Da stehen wir heute – und sind kaum einen Schritt weiter. Inmitten unsicherer Zeiten wächst eher die Angst vor innerem und äußerem Unfrieden. Neben ungelösten ökonomischen Problemen bereiten der Bevölkerung soziale Konflikte große Sorgen. Beim Gedanken an die Zukunft sorgen sie sich vor allem um die *Ausbreitung von Aggressivität* im eigenen Land.

Besonders hoch ist dabei die Angst vor *Gewaltkriminalität*. Auch der *Vandalismus* in Schulen, öffentlichen Verkehrsmitteln und Gebäuden gibt Anlass zur Sorge. Vor allem in Großstädten und Ballungszentren steigt die Kriminalität überproportional an.

- Besteht in Zukunft die Gefahr, »*Crime Zones*« und »*No-Go-Areas*« wie in den USA abstecken zu müssen, wo Kriminelle – weitgehend unbehelligt von der Polizei – sich selbst überlassen bleiben?
- Wächst die Zahl der wohlhabenden Bürger, die sich aus Angst vor Kriminalität, insbesondere Einbruch, Diebstahl und Über-

fall, hinter Mauern und Wächtern (»Privatpolizei«/»Security Service«) verschanzen?

- Zieht sich in Zukunft die wohlhabende Schicht in ihre Festungen zurück?

Das Empfinden von mangelnder Sicherheit im eigenen Land und die Angst vor südafrikanischen oder lateinamerikanischen Verhältnissen (Südafrika, Mexiko, Kolumbien u. a.) mit wachsender Kriminalität und boomenden *privaten Wachdiensten*, in denen sich ganze Straßenzüge und Wohnviertel zusammenschließen, sind groß. Werden eines Tages hochwertige *Immobilien* nur noch in Verbindung *mit Sicherheitspaketen* zu verkaufen und zu erwerben sein?

Perspektivlosigkeit und ein Leben ohne Herausforderung kann der Mensch auf Dauer nicht ertragen. Politik und Gesellschaft müssen daher auch jenseits des Erwerbs über neue Beschäftigungsformen mit Ernst- und Sinncharakter nachdenken und die einzelnen Bürger mehr fordern, also ihnen wieder mehr Eigenverantwortung zumuten und zurückgeben.

2.4 Das Armutsrisiko

Der Gedanke an die Zukunft ist oft positiv mit Hoffnung und Fortschritt, Wohlstand und Lebensqualität verbunden. Zugleich aber wird auch die Schattenseite dieser Entwicklung sichtbar: *Armut* und die wachsende Kluft zwischen Arm und Reich. Fast jeder zweite Bundesbürger (48 %) denkt bei der zukünftigen gesellschaftlichen Entwicklung in Deutschland an die Ausbreitung von Armut. Besonders betroffen und bedroht fühlen sich hierbei Alleinlebende/Singles (53 %) und Arbeitslose (59 %).

In Deutschland wird die *Kluft zwischen dem Wachstum der Wirtschaft und dem Wohlergehen der Menschen* immer größer:

- Die Wirtschaft hatte beispielsweise im Herbst 2013 allen Grund zum Optimismus. Die Exporte stiegen auf den höchsten Wert. Der Berliner Arbeitskreis für Steuerschätzung verkündete neue Rekordzahlen und erwartete für 2013 Mehreinnahmen von 3 Milliarden Euro.

- Zur gleichen Zeit veröffentlichte jedoch das Statistische Bundesamt in Wiesbaden einen Anstieg der *armutsgefährdeten Bevölkerung* in Deutschland auf einen Höchststand von *16,1 %*, was rund 13 Millionen Menschen entspricht. Damit setzt sich der seit mehreren Jahren beobachtete Anstieg fort: Jeder sechste Deutsche ist danach objektiv armutsgefährdet. Die Armutsschwelle bedroht vor allem die mittleren Einkommensbezieher, die um den Erhalt ihres Lebensstandards bangen müssen.

Für Deutschland wie auch für andere westliche Industrieländer gilt: Die Wirtschaft produziert so viel wie seit Jahren nicht mehr – und trotzdem *verschlechtert sich die Lebenslage* eines Großteils der Bevölkerung. Immer mehr verdienen weniger, als sie zum Leben brauchen. Sie fühlen sich von Jahr zu Jahr ärmer, weshalb auch die Bereitschaft wächst, mehr und länger zu arbeiten.

Nach der *statistischen Definition von Armut* (= weniger als 60 % des Durchschnittseinkommens) gilt etwa jeder sechste Bundesbürger als arm. Nach dem Armuts- und Reichtumsbericht der Bundesregierung fallen 15 % der Bevölkerung unter die Armutsdefinition. Für die Organisation für Entwicklung und Zusammenarbeit (OECD) gehört Deutschland gar zu den Schlusslichtern bei der Alterssicherung von Geringverdienern: Wer ein Leben lang gearbeitet und nur ein geringes Einkommen bezogen hat, ist *im Alter armutsgefährdet*. Die veränderten Wohnansprüche von Hochaltrigen und Langlebigen zwingen zu Um-, Aus- und Neubauten. Andernfalls werden immer mehr ältere Menschen wegen fehlender Fahrstühle und barrierefreier Zugänge ihre Wohnung nicht mehr verlassen können. Eine große kommunalpolitische Herausforderung, wenn man an die *wachsende Zahl alternder Babyboomer* denkt.

2.5 Die Wohlstandskluft

Zum Armutsrisiko gesellt sich in Zukunft die Wohlstandskluft. 47 % der Bevölkerung erwarten für die nahe Zukunft die Entstehung einer *Zweiklassengesellschaft* – die Ostdeutschen (53 %) mehr als die Westdeutschen (46 %). Ein Vierteljahrhundert nach der deutschen Vereinigung gibt es den sozialen Graben zwischen Ost und West noch – materiell und auch mental. Die ungleiche Verteilung der Berufs- und Lebenschancen sorgt für eine ungleiche Verteilung der Lebenszufriedenheit in Deutschland. Hamburg zählt beispielsweise zu den *reichsten Städten* in Deutschland – mit der *höchsten Armutsquote*. Nach Angaben des Statistischen Bundesamtes (Oktober 2013) soll sich in Deutschland die *Zahl der Rentner in Armut* in den letzten zehn Jahren *verdoppelt* haben. Die meisten Armen unter den Rentnern hat Hamburg aufzuweisen, die wenigsten Sachsen und Thüringen.

Im OECD-Vergleich von 29 Staaten genießen wir derzeit unser Wohlleben auf Kosten der nächsten Generation. Während beispielsweise auf jedes Kind unter 15 Jahren die *Staatsschulden* in Estland 5.000 Euro betragen, liegen sie in Neuseeland bei 48.000, in Schweden bei 93.000 und in Deutschland bei 192.000 Euro.

2.6   Die Rentenfalle

Die breite öffentliche Diskussion um Mindestlohn und Mindestrente hat ihre Spuren hinterlassen. Die Sorge großer Teile der Bevölkerung, ein Opfer der Rentenfalle zu werden und
im Alter *mit einer Mindestrente das Leben fristen* zu müssen,
ist vorhanden – bei den Frauen (44 %) etwas mehr als bei den
Männern (40 %). Andererseits: Das Problem eskaliert nicht
mehr. Die Angst vor einer Mindestrente sinkt sogar (2013: 47 %
– 2014: 42 %). Die Bevölkerung hat den Eindruck, dass die Politik über alle Parteien hinweg Sensibilität für diese existenziel-
len Fragen zeigt und nach konkreten Lösungsansätzen sucht.

Im OECD-Vergleich befinden sich die *Rentenansprüche der
Deutschen am untersten Ende.* Sie liegen bei einem Durch-
schnittsverdiener bei knapp 58 % des Erwerbseinkommens –
im Unterschied zu den Italienern (76 %), den Spaniern (84 %)
oder den Griechen (110 %). Ein Grieche bezieht mehr Rente,
als ein Erwerbstätiger an Einkommen verdient. In Griechenland wird nicht wie in Deutschland das ganze Arbeitsleben
zum Maßstab für die Rentenhöhe, sondern die Verdienste in
den letzten fünf Berufsjahren. Hinzu kommt noch eine unterschiedliche *Rentenbezugsdauer* in Griechenland (m: 24,0 – w:
27,1 Jahre) und in *Deutschland (m: 17,0 – w: 20,7 Jahre).* Um
die volle Rente zu bekommen, müssen die *Deutschen 45 Jahre,*
die Griechen nur 35 Jahre *arbeiten.*

Der Strukturwandel in der Arbeitswelt bewirkt, dass es immer
weniger durchgängige Biografien im Rahmen einer sozialver-
sicherungspflichtigen Vollzeitbeschäftigung gibt. *Unstete Erwerbsbiografien* nehmen zu, bei denen es zu einem ständigen
Wechsel zwischen abhängiger und selbstständiger Beschäftigung kommt. Geringverdiener bzw. geringfügig Beschäftigte
tragen nicht zur Verbesserung der allgemeinen Rentenversi-

cherung bei. Für den Sachverständigenrat ist klar: »Die Veränderungen in den Erwerbsbiografien lassen in der mittleren und längeren Perspektive eine *Zunahme von Altersarmut wahrscheinlicher* werden«, so lautete die Prognose des Sachverständigenrats (2007, S. 192) in seinem Jahresgutachten. Der Druck auf die öffentlichen Kassen wird weiter zunehmen, wenn in den nächsten zwanzig, dreißig Jahren die Pensionen der Beamten so viel kosten, wie der »Aufbau Ost« seit 1990 gekostet hat – etwa »eine Billion Euro« (Birnbaum 2012, S. 233).

Die Rentner in Deutschland werden sich schon bald als *Aufschwung-Verlierer* fühlen. Steigende Energie- und Lebenshaltungskosten sowie höhere Sozialabgaben sorgen für eine *tendenziell geringere Durchschnittsrente*. Wenn die *Generation der Babyboomer* (= die von 1955 bis 1965 Geborenen) im Jahr 2030 massenhaft in Rente geht und nach 2035 das Pflegealter erreicht, droht ein Zusammenbruch der Sozialsysteme. Renten- und Pflegeversicherung werden Rekorddefizite aufweisen.

Zur Sicherung der Sozialsysteme werden die Menschen länger arbeiten müssen – im Einzelfall auch lebenslang (wie in früheren Jahrhunderten auch). Die Erhaltung der Erwerbsfähigkeit wird für die Menschen in Deutschland eines der wichtigsten Lebensziele in den nächsten zwanzig Jahren. Lebenslang beschäftigt bleiben: Das ist die Agenda des Lebens auf dem Weg in eine sichere Zukunft.

1960 hatte ein Ruheständler im Durchschnitt zehn Jahre lang eine Rente bezogen; 2030 werden es mehr als zwanzig Jahre sein: eine *Verdoppelung der Rentenbezugsdauer*. Dies ist nicht problemlos finanzierbar. Daher: Mit 70 in den Ruhestand – das ist die realistische Perspektive für die Generation der Babyboomer, zumal die Zahl der Bundesbürger, die wegen Gesundheitsproblemen in den Ruhestand gehen, sinkt (1998: 28 % – 2008: 23 %. Eigene Prognose für 2030: 15 %). Eine lange Beschäftigung ist im Übrigen auch eine Bildungs- und Ausbildungsfrage: *Je besser die Ausbildung – desto länger die Beschäftigung.*

2.7 Die Fremdenangst

Vier von zehn Bundesbürgern (40 %) nennen den wachsenden *Ausländeranteil* als größte Sorge für die nächsten zehn bis zwanzig Jahre. Bemerkenswert groß ist die Kluft zwischen Ost und West: Eine knappe Mehrheit der Ostdeutschen (54 %) hat mit dem Thema Zuwanderung erhebliche Probleme, während die Westdeutschen (39 %) eher damit leben können. Ihre Besorgnis gegenüber »Armutseinwanderung«, »Sozialtourismus« oder »Fremdenfeindlichkeit« ist deutlich geringer. Schließlich trägt die Personenfreizügigkeit in der EU zu mehr Wohlstand in den Einwanderungsländern bei, was auch für die Schweiz gilt – trotz der Volksabstimmung gegen die vermeintliche »Masseneinwanderung«.

2.8 Die Krankheitskosten

Für vier von zehn Bundesbürgern (40 %) stellt die *Gesundheitsvorsorge* eine große persönliche Herausforderung für die Zukunft dar. Frauen bereitet diese Frage deutlich mehr Kopfzerbrechen (44 %) als Männern (35 %), die sich weniger Gedanken darüber machen. In besonderer Weise davon betroffen fühlen sich die Bewohner auf dem Land (49 % – Großstädter: 32 %), weil sie sich hinsichtlich der ärztlichen Versorgung gegenüber den Großstädtern deutlich benachteiligt sehen.

Insbesondere auf dem Land ist die *medizinische Versorgung* immer weniger gesichert und muss mobil werden: Montags kommt der Hausarzt, dienstags der Zahnarzt, mittwochs der

Augenarzt, donnerstags der Frauenarzt und freitags kommt der Orthopäde ins Dorf. Und zwischendurch machen speziell geschulte Krankenschwestern die notwendigen Hausbesuche. Ist das die »Landarzt«-Praxis des 21. Jahrhunderts? *Geldmangel und Ärztemangel* werden auf dem flachen Land eine Vernunftehe eingehen müssen.

Hinzu kommen die Kosten für das Pflegesystem. Es droht in den nächsten zwanzig Jahren zum *Opfer einer Zwickmühle* zu werden, aus der kaum ein Entrinnen möglich erscheint: Die geburtenstarken Jahrgänge gelangen ins Pflegealter und die geburtenschwachen Jahrgänge erreichen das Alter der Pflegekräfte. *Mehr Pflegefälle – weniger Pflegekräfte:* ein kaum lösbares Dilemma. Angesichts einer stark schrumpfenden Arbeitnehmerzahl wird die Politik im Jahr 2030 das wachsende Pflegedefizit durch einen Finanzierungstrick ausgleichen wollen: Aus der Pflegeversicherung wird die Politik eine »Pflegegrundsicherung« machen. Der Staat garantiert dann *nur noch das zur Grundversorgung Notwendige*. Für alles andere (= »Ergänzende Pflege«) muss jeder wieder selbst (vor-)sorgen.

Die Bürger müssen sich in Erinnerung rufen: Jahrhundertelang war jeder Bürger für die Absicherung seines Pflegerisikos selbst verantwortlich. Erst seit dem 1. Januar 1995 gibt es in Deutschland überhaupt eine gesetzlich geregelte Soziale Pflegeversicherung (SPV) – eine Folge ständig steigender Lebenserwartung.

- *Das Dilemma:* Die rückläufige Geburtenquote lässt die Zahl der Beitragszahler sinken, während gleichzeitig aufgrund steigender Lebenserwartung die Zahl der Empfänger/Pflegebedürftigen wächst.
- *Die Folge:* Eine intergenerative Ungleichheit bzw. Ungleichbehandlung entwickelt sich, die durch den demografischen Wandel weiter verschärft wird. Vorwürfe wie »Geburtsfeh-

ler« und »Fehlkonstruktion« werden laut. Angesichts der offensichtlichen Finanzierungs- bzw. Nachhaltigkeitslücke drohen in Zukunft massive Leistungskürzungen.

Andererseits zeichnen sich auch gegenläufige Entwicklungen ab: Nach dem 6. Bericht zur Lage der älteren Generation in der Bundesrepublik Deutschland ist *jeder zweite über 90-Jährige nicht pflegebedürftig.* Von den 80- bis 85-Jährigen bedürfen gar 80 % keiner Pflege. Die ältere Generation bleibt immer länger körperlich und geistig fit. Die Zukunftstendenz ist klar: *Wir leben immer länger und altern immer gesünder.*

2.9 Die Klimaveränderung

Nach dem 5. Bericht des Weltklimarats vom März 2014 in Yokohama soll die Erderwärmung dramatische Folgen haben. Mit der Klimaveränderung wächst die Gefahr von Armut, Hunger und Bürgerkriegen. Hitzewellen und Wirbelstürme lösen eine Kettenreaktion apokalyptischen Ausmaßes aus – doch die Bevölkerung will davon wenig wissen. Landet die Klimaveränderung in der *Waldsterben-Falle?* Keiner redet mehr davon. Das ökologische Problembewusstsein der Deutschen hält sich in engen Grenzen (38 %). Am meisten Sorgen über mögliche Klimaänderungen machen sich die 14- bis 17-jährigen Jugendlichen (58 %), während sich die Rentner mehr Gedanken um die Absicherung ihrer Pflegeversicherung (41 %) als um die Folgen des Klimawandels (33 %) machen.

Im Kampf gegen die Erderwärmung haben die Klimaforscher auf der Warschauer Klimakonferenz im Dezember 2013 einen erheblichen Rückschlag erlitten. Entgegen ihren Vorhersagen musste das Intergovernmental Panel on Climate Change (IPCC) eingestehen, dass die Erderwärmung in den letzten 15

Jahren nicht mehr zugenommen hat, obwohl der CO2-Anteil gleichzeitig stark angestiegen war. Das IPCC-Dogma – Temperaturanstieg bei höherem CO2-Gehalt der Luft – war nicht mehr haltbar. Solche Informationen tragen wesentlich zur Verunsicherung der Bevölkerung bei.

2.10   Das Umweltproblem

Nur für ein Drittel der Deutschen (33 %) ist die »Umweltbelastung« ein Grund zur Sorge. Die Erfahrungen in der Umweltdiskussion der letzten Jahre haben gezeigt, dass die Bereitschaft der Bevölkerung, zum Nutzen kommender Generationen auf eigene Vorteile zu verzichten, relativ gering ist. Nach wie vor hat die Erkenntnis der Zukunftsforschung (»Wer den Menschen etwas *Schönes wegnimmt,* muss ihnen etwas anderes *Schönes dafür geben.*«) Gültigkeit. Wer also Generationengerechtigkeit und Vorsorge für künftige Generationen realisieren will, muss über kurzfristige Anreize nachdenken: Entschädigungen, Vergünstigungen und Steuererleichterungen, Ansehen, Anerkennungen und Prestigefaktoren.

2.11   Der Schuldenberg

»Was geht uns die Sintflut an, solang man hier noch tanzen kann.« Der Liedtext der Rockband BAP bringt die finanzpolitische Stimmung auf den Punkt. Die Finanzpolitik in Deutschland hat jahrzehntelang das Maß zum Erzielen einer ›schwarzen Null‹ aus den Augen verloren. Statt Defizitabbau heißt es in der Political-correctness-Sprache »Schuldendisziplin« und meint damit nur: *weniger Neuschulden.* Wenn kein Politiker für die Schulden haftbar gemacht wird und die Wähler bei der Stimmabgabe auch niemanden in Haftung nehmen, werden

dann die kommenden Generationen die Zeche für das permanente Über-die-Verhältnisse-Leben bezahlen müssen?

Wer Schulden macht, macht sich schuldig. Politiker und Regierungsmitglieder in Deutschland bleiben nicht mehr lange davon ausgenommen: Unlängst wurde der ehemalige Finanzminister von Rheinland-Pfalz, Ingolf Deubel, zu dreieinhalb Jahren Gefängnis wegen Untreue verurteilt. Er hatte dem Land einen Schuldenberg von 330 Millionen Euro beschert und musste sich für den Fehlschlag des Freizeitparks Nürburgring verantworten. Die Begründung dafür lautete: Er habe die ihm vom Wähler und der Verfassung zugewiesene Entscheidungsbefugnis überschritten und damit seine Treuepflicht gegenüber dem Landesvermögen verletzt. Haushaltsuntreue und Verschwendung von Steuergeldern können ein Straftatbestand sein, wenn der rechtliche Rahmen nicht eingehalten wird. Dann können auch Politiker strafrechtlich belangt werden – vor allem dann, wenn sie teure Wahlgeschenke verteilen oder Prestigeobjekte fördern, die haushaltsrechtlich nicht gedeckt sind.

Im Unterschied zur kontroversen öffentlichen Diskussion wird das *Verschuldungsrisiko* von der Bevölkerung zwar als Zukunftsproblem gesehen, aber überraschenderweise nicht besonders hoch eingeschätzt (30 %). Selbst Geringverdiener unter 1.250 Euro Haushaltseinkommen leiden mehr unter den sozialen Auswirkungen einer Zweiklassengesellschaft (40 %) als unter dem eigenen oder dem staatlichen Verschuldungsrisiko (33 %).

Im Jahr 1919 fand der deutsche Finanzminister Matthias Erzberger eine leere Staatskasse vor. In seiner Not wollte er von den Abgeordneten der Nationalversammlung am 12. August 1919 drei Fragen beantwortet bekommen: Was ist? Was muss werden? Und wie muss es werden? Müssen diese Fragen von 1919 im 21. Jahrhundert nicht noch einmal gestellt und beantwortet werden? Und so würden die aktuellen Antworten auf die drei Schicksalsfragen des Landes ausfallen:

> **1. Was ist?** Der größte Schuldenberg der Nachkriegsgeschichte.
> **2. Was muss werden?** Abschied vom Immer-Mehr.
> **3. Und wie muss es werden?** Radikale Umkehr von der Energie- über die Wohlstands- bis zur Schuldenwende. Andernfalls wird aus dem Schuldenberg ein Schuldenstaat – und der Sozialstaat kippt.

Träumen Finanzminister gern von Überschuss und Schuldenfreiheit – und hinterlassen am Ende doch nur Schuldenberge? Nein – das muss nicht sein: 1972 hatte beispielsweise der damalige Bundesfinanzminister Karl Schiller aus Protest gegen vier Milliarden DM Neuverschuldung die Regierung aus »Verantwortung dem Staat und seinen Bürgern gegenüber« verlassen. Er war nicht mehr bereit, »eine Politik zu unterstützen, die nach außen den Eindruck erweckt, die Regierung lebe nach dem Motto: *Nach mir die Sintflut!*«

Das war und ist einmalig. Denn seit den Achtzigerjahren hat die Politik ein geradezu gestörtes Verhältnis zum Schuldenmachen. Mit dem Hinweis auf Arbeitsplätze, Bildung und soziale Gerechtigkeit *wird jede Verschuldung entschuldigt.* Sogenannte Schuldenbremsen werden einfach außer Kraft gesetzt – wie z. B. in Gerhard Schröders Zeiten die Bestimmung des Maastrichter Vertrags, wonach Schulden nur noch in Höhe von 60 % des Bruttoinlandsprodukts gemacht werden dürfen. Und im Juni 2008 stellte der damalige Bundesfinanzminister Peer Steinbrück seinen Etat für 2009 vor und kündigte in seinem Finanzplan ab 2011 schuldenfreie Etats an. Drei Monate später waren seine Pläne nur noch Makulatur – und nichts davon wurde verwirklicht.

Zeitsprung 2014: Trotz höherer Steuereinnahmen sieht Schäubles Haushalt auch für 2014 ein Defizit von etwa sieben Milliarden Euro vor. Den ersten ausgeglichenen Haushalt soll es angeblich im Jahr 2015 geben ... Die Staatsverschuldung in Deutschland ist mittlerweile höher (81,7 % des Bruttoinlandsprodukts) als im vermeintlichen Schuldenstaat Spanien (69,6 %). »Entschuldungspolitik« wird zum Schlüsselwort des nächsten Jahrzehnts. Fast inflationär wird dann von »Schuldenbremse« und »Haushaltssanierung«, »Konsolidierungsbedarf« und »Sanktionsmöglichkeiten« die Rede sein. *Sparen, Haushalten und Zurückzahlen* sollen die drei Grundpfeiler einer neuen Stabilitätskultur sein.

Die Erfahrung lehrt jedoch: In allen Fällen geben sich die Politiker überrascht, wenn plötzlich »etwas Unvorhergesehenes passiert«, statt für solche regelmäßig wiederkehrenden Ereignisse rechtzeitig Risikorückstellungen zu bilden.

Es ist jetzt schon absehbar, dass die Schuldenbremse des Bundes, von 2016 an Schulden nur noch in der Höhe von 0,35 % des Bruttoinlandsprodukts zu machen, wegen vermeintlich unvorhersehbarer »struktureller« oder »globaler« Krisen nicht wirksam werden kann. Leben wir weiter über unsere Verhältnisse, ertrinken in Schulden und lassen die Nachhaltigkeitslücke immer größer werden?

Der größte Schuldenberg der Nachkriegsgeschichte türmt sich auf. Die Schuldenpolitik Deutschlands hat ein fast unvorstellbares Ausmaß erreicht: Jeder fünfte Euro, den der Bund an Steuern einnimmt, muss gleich wieder für Zinszahlungen ausgegeben werden. Das Bundesfinanzministerium plant darüber hinaus auch für die nächsten Jahre *zusätzliche Haushaltsdefizite* ein. Nach wie vor gilt die Aussage von Bundesfinanzminister Schäuble: »Wir schwimmen nicht im Geld, wir ertrinken allenfalls in Schulden« (W. Schäuble am 24. November 2010).

Deutschland zahlt derzeit für zehnjährige Staatsanleihen etwa 2 % Zinsen. Bei zwei Billionen Euro Staatsschulden fallen demnach jährlich 40 Milliarden Euro Zinsen aus Steuergeldern an. Es spricht wenig dafür, dass die unerwarteten Steuerüberschüsse von der Politik dazu genutzt werden, alte Schulden zurückzuzahlen. Eher wird man sich über die finanziellen Spielräume freuen, *neue Wohltaten verteilen* oder das Plus in Vorhaben der Koalition investieren, anstatt zu versuchen, den gesamtstaatlichen Schuldenstand von 81 % des BIP Zug um Zug auf weniger als 60 % zurückzuführen.

Welche Garantie hat die nächste Generation, dass die Schuldenbremse wirklich wirkt und eingehalten wird? Mit der Schuldenbremse hatte der Gesetzgeber festgelegt, dass der Bund sein strukturelles Defizit bis 2016 in gleichmäßigen Schritten herunterfährt. Nur – was passiert, wenn 2017 die nächste Krise kommt?

Die Wirtschaft brummt, die Politik schwelgt: Steuerschätzungen lassen *Mehreinnahmen in dreistelliger Milliardenhöhe* erwarten. Davon entfallen mehr als 40 % auf den Bund. Doch was passiert damit? Auch 2014 sind Neuverschuldungen vorgesehen. Die *Schuldenstandsquote* des deutschen Staates wird *2015 bei etwa 75 % des BIP* liegen, obwohl nach den Regeln des EU-Stabilitätspakts ein maximaler Referenzwert von 60 % vorgeschrieben ist.

Selbst in guten Zeiten macht Deutschland weiter Schulden und zahlt nicht etwa Schulden zurück. Kein »ehrbarer Kaufmann« könnte so wirtschaften – und überleben.

Das kommunalpolitische Schuldenszenario ist für die nahe Zukunft vorgezeichnet: *Die Kommunen liegen auf der Intensivstation.* Trotz guter Konjunktur droht ein Absturz: marode Straßen, heruntergekommene Sportanlagen, geschlossene Bäder und Bücherhallen, weniger Personal und steigende Gebühren für kommunale Einrichtungen. Die Grundgeborgenheit großer Teile der Bevölkerung in Deutschland ist gefährdet.

Die *Renten- und Pensionszahlungen* haben sich seit den Sechzigerjahren von 33 auf 699 Milliarden Euro mehr als *verzwanzigfacht*, während sich das BIP im gleichen Zeitraum nur verdreizehnfacht hat (von 155 auf 2.071 Mrd. Euro). Ab 2016 (beim Bund) und ab 2020 (bei den Ländern) soll die Schuldenbremse greifen, während gleichzeitig die Ausgaben für Renten und Pensionen explodieren und die Babyboomer-Generation in Rente geht: *Die Schuldenbremse wird zur Rentenfalle*, weil die meisten Bundesländer dafür keine Rücklagen gebildet haben. Diese *Nachhaltigkeitslücke* kann nur durch Pensions- und Rentenkürzungen, Geldentwertungen durch Inflation oder durch längere Beschäftigungen (»Rente mit 70«) ausgeglichen werden.

Die im Grundgesetz festgelegte Schuldenbremse sieht bis 2016 eine Übergangsregelung vor, nach der strukturelle Defizite von Jahr zu Jahr stetig sinken sollen. Das verführt die Finanzpolitik dazu, in der jetzigen guten Konjunkturzeit besonders hohe Schulden zu machen, damit noch viel Spielraum für die nächsten Jahre bleibt. Auf diese Weise nimmt die *Neuverschuldung eher zu als ab.*

Wie ernst gemeint die Schuldenpolitik wirklich ist, lässt sich am Beispiel der bayerischen Finanzpolitik ablesen. Kaum hatte die Bayerische Regierung die Absicht bekundet, bis zum Jahr 2030 alle Schulden ihres Landes zu tilgen, setzte der öffentliche Protest ein: Der Bayerische Städtetag monierte, eine Entschuldung dürfe nicht zu Lasten der Kommunen gehen. Der Bayerische Beamtenbund kritisierte, dass eine Verkleinerung der Staatsverwaltung nicht ohne eine Verringerung der Aufgaben möglich sei. Und die Opposition verglich den Plan einer Radikalentschuldung mit dem Ritt auf einer Kanonenkugel ... Auf diese Weise wird *Schuldenabbau als soziale Ungerechtigkeit gebrandmarkt* und Generationengerechtigkeit zugleich ausgeblendet.

Zukunft ist Herkunft. Die Zukunftsforschung misstraut den Versprechen der Politiker. Denn die internationale Erfahrung lehrt: Eher kommt ein Staatsbankrott, bevor Politiker freiwillig Schuldenverzicht leisten. Die Schuldenbremse lässt Ausnahmen zu, von denen Politiker mit großer Wahrscheinlichkeit Gebrauch machen werden, ohne sich dabei als Defizitsünder zu fühlen. Daher muss der Schuldenabbau stets Vorrang vor anderen politischen Zielen haben.

Die angekündigte Schuldenbremse droht zur Schuldenfalle zu werden: Geradezu zukunftsblind geht die Politik davon aus, dass die Neuverschuldung ebenso krisen- wie störungsfrei verhindert werden kann. In Wirklichkeit ist jeder Notfall auch ein Normalfall, mit dem gerechnet werden muss. Weil aber die Politik keine Vorsorge leistet und keine Rücklagen für den Notfall bildet, wird die Schuldenbremse von den Politikern in den nächsten Jahren ganz schnell vom Tisch gefegt mit dem Argument: Das Vorhaben ist angesichts der Notlage nicht durchzusetzen ...

Wirtschaftlich gesehen erleben wir derzeit eine *Bestzeit* wie schon lange nicht mehr. Wir haben ein materielles Wohlstandsniveau erreicht, das in der Geschichte Deutschlands einmalig ist. Die Beschäftigung nimmt zu, Löhne und Gehälter steigen und der breit angelegte Wirtschaftsaufschwung in Deutschland wirkt sich positiv auf die Entwicklung des Steueraufkommens aus. Und dennoch plant der Bundesfinanzminister für den laufenden Bundeshaushalt weitere Milliarden-Defizite ein ...

III. Zukunftskonflikte. Integrationsprobleme und Gerechtigkeitsfragen

In Deutschland stellt sich die Lebensqualitätsfrage neu. Eine Verschiebung vom Nur-haben-Wollen zum Nicht-verlieren-Wollen zeichnet sich ab: Niemand will zu spät kommen und vom Leben bestraft werden, also am Ende zu den Wohlstandsverlierern gehören. Der zwischenmenschliche Umgang wird rauer. Tatsächliche und vermeintliche Gegensätze prallen aufeinander: *arm/reich, arbeitslos/erwerbstätig, einheimisch/ausländisch, alt/jung u. a.* Diese Entwicklung wird *nicht konfliktfrei verlaufen.* Interessengruppen und Randgruppen, unterschiedliche Lebensstile und Wertorientierungen tragen zur Polarisierung in der Gesellschaft bei. Zudem müssen die Menschen mit globalen Krisen und nationalen Konflikten leben lernen. Soziale Spannungen sind und werden Normalität, die heute noch politisch steuer- und gestaltbar sind.

Um sich im eigenen Land wohlfühlen zu können, müssen Lebensbedingungen vorhanden sein oder geschaffen werden, die den Bürgern *soziales Wohlergehen* genauso ermöglicht wie *materiellen Wohlstand.* Die Kluft zwischen Benachteiligten und Privilegierten, Gewinnern und Verlierern darf nicht zu groß werden, weil sie sonst den sozialen Frieden gefährdet. Wer auf der Schattenseite des Lebens jenseits von Geltungskonsum und Statussymbolen leben muss, wird sich auf Dauer nicht mehr mit der George Orwell'schen Vision von »1984« zufriedengeben und den größten Teil seines Lebens mit »kleinlichen Streitigkeiten mit Nachbarn, Kino, Fußball, Bier und vor allem Glücksspielen« ausfüllen wollen. Realistischer ist eine andere Entwicklung:

Soziale Konflikte benötigen keinen Pass, um (z. B. moralische, legale, nationale) Grenzen zu überschreiten – in Form von Gewalt, Kriminalität und politischer Instabilität. Ungelöste Konflikte neigen dazu, zu eskalieren.

SO WOLLEN WIR NICHT LEBEN!
Konfliktfelder der Deutschen

„**Sehr starke Konflikte**" befürchten zwischen ...

	2002	2014	Zukunftstendenz (Veränderung in Prozentpunkten)
Christen und Muslimen	30 %	46 %	**+16**
Arm und Reich	27 %	39 %	**+12**
Steuerzahlern und Sozialhilfeempfängern	28 %	36 %	**+ 8**
Ausländern und Deutschen	37 %	42 %	**+ 5**
Arbeitnehmern und Arbeitslosen	19 %	23 %	**+ 4**
Jung und Alt	10 %	13 %	**+ 3**
Frauen und Männern	6 %	9 %	**+ 3**
Ostdeutschen und Westdeutschen	14 %	15 %	**+ 1**
Familien und Singles	5 %	6 %	**+ 1**
Arbeitgebern und Arbeitnehmern	18 %	17 %	**- 1**

Basis: Repräsentativbefragungen des Ipsos-Instituts bei jeweils 1.000 Personen ab 14 Jahren 2013 und 2014 in Deutschland

1. Integrationsprobleme

- **Christen/Muslime**

Vor zwei Jahrzehnten warnte der amerikanische Politologe Benjamin R. Barber in seinem Buch »*Dschihad vs. McWorld*« davor, die ganze Welt zu einem gleichförmigen weltweiten Vergnügungspark machen zu wollen – beschleunigt und vernetzt durch Datenaustausch, Entertainment und Kommerz. Die Welt, so vermutete er, könnte eines Tages aus den Fugen geraten, wenn sich weiterhin beide Seiten so unversöhnlich gegenüberstünden: »McWorld ist nicht nur eine Bedrohung für den Dschihad, sondern provoziert und intensiviert ihn zur selben Zeit« (Barber 1995/2001, S. 1).

Wenige Jahre später beschrieb Vaclav Havel (1936–2011), Schriftsteller und ehemaliger Präsident der Tschechischen Republik, den Westen als eine euro-amerikanische Region mit einer gemeinsamen politischen und wirtschaftlichen Geschichte. Jahrhundertlang habe der Westen großartige Leistungen vollbracht und in einem unverhältnismäßig hohen Grade die heutige Form unserer globalen Ordnung bestimmt. Aber er habe auch zur *Unterdrückung anderer Religionen* und zur Fetischisierung eines grenzenlosen wirtschaftlichen Wachstums geführt, ohne auf die Folgen zu achten (Havel 2001). Damit verbunden war eine Bewertung, die dem Westen eine heraushebende und den übrigen Ländern in der Welt eine herabsetzende Bedeutung anheftete.

Der 11. September 2001 war eine Antwort darauf und hat seither die Einstellungen der Menschen zu anderen Religionen grundlegend verändert. Als größten Gefährdungsfaktor für den sozialen Frieden in Deutschland sieht die Bevölkerung derzeit den *Konflikt zwischen Christen und Muslimen* an – mit stark wachsender Tendenz (2002: 30 % – 2014: 46 %). Großstädter

52

(51 %) und Ostdeutsche (57 %) äußern dabei die größten Befürchtungen.

- **Einheimische/Ausländer**
  Ähnlich spannungsreich wird das *Verhältnis zwischen Einheimischen und Ausländern (42 %)* gesehen. Unterschiedliche Kulturen und Religionen stoßen hier aufeinander und können Deutschland zum Spannungsfeld machen. Die genannten Konflikte zwischen Christen und Muslimen, Ausländern und Einheimischen sind im Kern *Integrationskonflikte.* Alles hängt davon ab, ob die richtige Balance zwischen der Achtung vor der zunächst fremden Kultur und dem eigenen Selbstverständnis gefunden wird. Das hat mit unkritischer Anpassung nichts zu tun, geht vielmehr mit einer *Wertschätzung des Fremden* einher.

Gelungene Integration gleicht einer ausbalancierten Identität zwischen Herkunftskultur und Aufnahmekultur. Für das Gelingen dieses Integrationsprozesses sind aber beide verantwortlich – die Ausländer *und* die Einheimischen, setzt also *Integrationswilligkeit* der Zuwanderer genauso voraus wie *Integrationsfähigkeit* der Einheimischen. Beide müssen sich aufeinander zubewegen, was dazu führen kann, dass man dabei auch die eigene Kultur und den eigenen Lebensstil noch einmal kritisch überdenkt. Insbesondere die Städteplanungs- und Wohnungsbaupolitik muss sich mehr als bisher als Integrationspolitik verstehen und konzentrierte *Inselbildungen verhindern* helfen.

Im *Wettbewerb um die klügsten Köpfe* hinkt Deutschland deutlich hinterher. Die Folge: Zuwandererkinder in Kanada oder Australien weisen bei internationalen Schulvergleichen ein höheres Bildungsniveau auf als die einheimische Bevölkerung. In Deutschland ist es genau umgekehrt: Junge Ausländer weisen häufiger als Deutsche einen Hauptschulabschluss oder gar keinen Schulabschluss auf. So macht sich eine *doppelte Ungleichheit* breit: Zuwandererkinder sind geringer qualifiziert und leiden zusätzlich bei höherer Qualifizierung unter dem Vorurteil, gering qualifiziert zu sein – haben also das Problem, einen adäquaten Job und eine entsprechende gesellschaftliche Anerkennung zu finden.

Und so könnte ein mögliches Szenario »Integration 2030 in Deutschland« aussehen: Diskriminierungen gegenüber Deutschen mit Migrationshintergrund gibt es kaum noch. Verschiedene Kulturen und vielfältige Identitäten prägen den Lebensalltag. Und die Einführung eines nationalen Gedenktages für Einwanderer steht unmittelbar bevor ...

2. Gerechtigkeitsfragen

- **Arm/Reich**

Hauptursache für die wachsenden sozialen Unruhen in aller Welt ist nicht der Widerstand gegen Fortschritt und gesellschaftliche Neuerungen als vielmehr die *Frage nach der sozialen Gerechtigkeit*. Die Angst wächst, dass sich durch die Globalisierung die *Schere zwischen Arm und Reich* in der Welt weiter öffnet. Nicht die Globalisierung ist dabei das Problem, sondern der Grad der Ungleichheit und die subjektiv wahrgenommene ungerechte Verteilung der Früchte der Globalisierung zwischen Gewinnern und Verlierern. Die Bürger haben wachsende Zweifel, ob die Verteilung sozial gerecht und fair ist.

Global Player und Global Fighter stehen sich fast unversöhnlich gegenüber: Die einen preisen den weltweiten freien Handel, der Wohlstand und Reichtum bringt. Die anderen kritisieren, dass durch die Globalisierung die Kluft zwischen den Reichen und den Armen noch größer wird. Der Prozess der Globalisierung hat große Teile der westlichen Welt unvergleichlich wohlhabender gemacht, aber gleichzeitig viele Länder in der Dritten Welt in noch größere Armut gestürzt. Es sind der *Gegensatz von Wohlstand und Elend* sowie die wachsende Ungleichheit in der Welt, die immer öfter Proteste und soziale Unruhen auslösen.

Die ungleiche Verteilung des Wohlstands sorgt für große Konfliktpotenziale. Die befürchteten *Konflikte zwischen Arm und Reich* nehmen nach Einschätzung der Deutschen deutlich zu (2002: 27 % – 2014: 39 %): ein Nährboden für soziale Probleme und auf Dauer auch ein Gefährdungspotenzial für den sozialen Frieden in Deutschland.

• **Steuerzahler/Sozialhilfeempfänger**
Zugleich wenden sich Steuerzahler konfliktreich (36 %) von *Sozialhilfeempfängern* ab oder grenzen diese aus. Sozialhilfeempfänger sehen sich verstärkt Diskriminierungen und Rechtfertigungszwängen ausgesetzt.

• **Arbeitnehmer/Arbeitslose**
Auch Arbeitslose müssen sich stärker gegenüber Arbeitnehmern bzw. »Arbeitsbesitzern« erklären. Fast jeder vierte Bundesbürger (23 %) erwartet hier für die Zukunft spannungsreiche Auseinandersetzungen. Insbesondere die Ostdeutschen (27 % – Westdeutsche: 17 %) befürchten sehr starke Konflikte zwischen beiden Bevölkerungsgruppen: Arbeitslose müssen sich dann *doppelt rechtfertigen – im privaten Bereich* gegenüber Familie, Freunden und Nachbarn und *im öffentlichen Bereich* gegenüber Erwerbstätigen, die das Gefühl haben, immer mehr arbeiten und leisten zu müssen.

• **Arbeitgeber/Arbeitnehmer**
Hoffnungsvoll stimmt nur dies: Konflikte zwischen den Tarifpartnern Arbeitgeber/Arbeitnehmer verlieren an Brisanz und

werden eher seltener (2002: 18 % – 2014: 17 %). Nicht mehr Arbeitszeitverkürzungen und Lohnerhöhungen stehen im Zentrum tariflicher Auseinandersetzungen. Wichtiger werden *Sicherheitsgarantien* – vom sicheren Arbeitsplatz über das sichere Einkommen bis zur sicheren Rente.

• **Jung/Alt**

Beruhigend ist bei der Bewertung künftiger Konfliktpotenziale die Tatsache, *dass der Generationenkonflikt Jung/Alt keine größere Bedeutung (13 %) hat.* Das Problembewusstsein für die sozialen und ökonomischen Folgen der demografischen Entwicklung hält sich in engen Grenzen.

Aus der Sicht der Zukunftsforschung erweisen sich die derzeitigen Konfliktfelder der Deutschen als Zündstoff für die Zukunft: Religiöse, kulturelle und soziale Konflikte drohen zu eskalieren, wenn die Politik nicht gegensteuert.

Andererseits deuten sich auch positive Gegenbewegungen an: Nach dem OECD-Ranking von 2014 entwickelt sich Deutschland zum *beliebtesten Einwanderungsland in Europa* – noch vor den klassischen Einwanderungsländern Australien und Kanada. Die Besonderheit: Die Zuwanderer sind immer *besser qualifiziert und integriert.* Die Folge: Aus »dauerhaften Zuwanderern« werden Einwanderer, für die Deutschland *Heimat* wird, weil sie sich nicht mehr ständig erklären und legitimieren müssen. Und immer mehr Regionen, Städte und Kommunen werden um junge qualifizierte Nachwuchskräfte aus dem Ausland wetteifern. Neben »harten« Standortfaktoren wie hohem Einkommen und Karrieremöglichkeiten bieten sie in Zukunft einen neuen Standortfaktor an: *die örtliche Toleranz für Minderheiten.* Integrationsprobleme werden seltener. Eher kommen Generationskonflikte hinzu. Denn die neuen Einwanderer sind jung, dynamisch und ehrgeizig.

B. SO WOLLEN WIR LEBEN!

.

I. Zukunftsprioritäten.
Herausforderungen der Politik

Die repräsentativen Umfrageergebnisse lassen erkennen: Schnell findet sich eine Bevölkerungsmehrheit in Deutschland, wenn *Zukunftsprobleme* (»So wollen wir nicht leben!«) genannt werden sollen. Bei der Findung von Problemlösungen und konkreten Vorschlägen (»So wollen wir leben!«) tun sich hingegen viele schwer. Dies trifft in besonderem Maße für *innovative Lösungsansätze* zu, für die es bisher noch keine Erfahrungswerte oder praktikable Beispiele gibt, auf die man sich verlässlich berufen kann. Hier bestätigt sich eine alte sozialwissenschaftliche Erkenntnis: »*Veränderungen künden sich immer in Minderheiten an*« (Opaschowski 1989, S. 44). Minderheiten müssen als Meinungsführer vorangehen und als Pioniere des sozialen Wandels die Wege ebnen, auf denen dann die Mehrheit Schritt für Schritt nachfolgt.

Der Mathematiker und Wirtschaftswissenschaftler Franz Josef Radermacher weist zu Recht auf das Dilemma hin, *einerseits in die Zukunft zu schauen* und andererseits *Empfehlungen abzugeben:* »Was sollen wir in Deutschland jetzt tun?« In einer Welt höchster Dynamik mit oft sprunghaften Partnern und teilweise chaotischen Zuständen empfiehlt er ein doppelstrategisches Vorgehen: Förderung der Realökonomie und gleichzeitig Entwicklung humaner Potenziale (Radermacher 2013, S. 87). Nur so kann die ökonomische und *soziale Balance in Deutschland* erreicht werden.

In diese Richtung zielen die von der Bevölkerung genannten Prioritäten für die Politik und geben Antworten auf die Frage: Wie kann durch Schwerpunktsetzungen nachhaltig in die

Zukunft investiert werden? Stromtrassen? Studiengebühren? Vorratsdatenspeicherung? Sind das die Themen, die den Deutschen auf den Nägeln brennen? Mindestlohn? Rente mit 63? Euro-Rettung? Was bewegt die Deutschen wirklich?

1. Wohnungsbau. Mietpreisbremse für bezahlbaren Wohnraum

Deutschland ist ein *Mieterland* und verzeichnet mit 46 % (EU-Durchschnitt: 63 % – USA: 69 %) eine *unterdurchschnittliche Eigenheimquote.* Die Unsicherheit auf dem Arbeitsmarkt, fehlende Beschäftigungsgarantien und immer höhere Mobilitätsanforderungen sorgen dafür, dass sich mehr Bundesbürger für die Miete als für den Kauf entscheiden. Als Mieter wollen sie nicht wie Wohneigentümer über Jahre hinaus oft hochbelastet sein.

Die Deutschen leben eine *spezifische Mietkultur:* Das materielle und mentale Wohlergehen fängt in den eigenen vier Wänden an. Insofern kann es nicht überraschen, dass die *Mietpreisbremse ganz obenan in der Prioritätenliste* der Deutschen steht, wenn es um dringende politische Vorhaben geht. Fast zwei Drittel der Bevölkerung (63 %) fordern, den Anstieg der Mieten in Deutschland künftig per Gesetz zu begrenzen – nicht unbedingt flächendeckend, sondern vorrangig in Großstädten und Ballungszentren. 60 % der Großstädter (Landbewohner: 46 %) erwarten, dass die Kommunen über einzelne Stadtquartiere eine Mietpreisbremse verhängen.

SO WOLLEN WIR LEBEN!
Prioritäten für die Politik

Als **Prioritäten für politische Maßnahmen** nennen:

63 %   **WOHNUNGSBAU**
Mietpreisbremse in Städten einführen

62 %   **ENERGIEWENDE**
Bei der Umsetzung der Energiewende eine Kostensteigerung bei den privaten Haushalten verhindern

57 %   **ARBEITSZEITPOLITIK**
Flexibles Renteneintrittsalter (Flexi-Rente) einführen

56 %   **GESUNDHEITSFÖRDERUNG**
Therapien von Alzheimer, Krebs, Aids u. a. fördern

53 %   **NETZPOLITIK**
Privatsphäre und Persönlichkeitsrechte stärker schützen

52 %   **GENERATIONENPOLITIK**
Kostenlose Kinder-, Jugend- und Altenbetreuung fördern

51 %   **VOLKSENTSCHEIDE**
Volksentscheide auch auf Bundesebene einführen

50 %   **BILDUNGSPOLITIK**
Bundeseinheitliches Bildungssystem einführen

49 %   **FINANZPOLITIK**
Der Staat darf auch in Krisenzeiten nur so viel ausgeben, wie er einnimmt

43 %   **ENGAGEMENTFÖRDERUNG**
Steuererleichterungen gewähren

42 %   **AUSBLICK: ZUKUNFTSVORSORGE**
Mehr an die nächste Generation als an die nächste Wahl denken

38 %   **STEUERPOLITIK**
Die ‚kalte Progression' abschaffen

Basis: Repräsentativbefragung des Ipsos-Instituts bei 1.000 Personen ab 14 Jahren 2014 in Deutschland

Die Politik soll Höchstmieten festlegen und Mietpreisexzesse in einzelnen Stadtteilen eindämmen, damit urbanes Wohnen bezahlbar bleibt – auch wenn es sich dabei um einen politischen Eingriff in das Marktgeschehen handelt. Dies gilt als legitim, weil es nicht selten um Wohnangebote in begehrten Großstadtquartieren geht.

Das Votum der Mehrheit der Bevölkerung ist eindeutig: Gefordert werden die Einführung *und* Kontrolle einer Mietpreisbremse bei Wiedervermietungen in Großstädten und Ballungszentren mit angespanntem Wohnungsmarkt. Zwischen den Bewohnern in Stadt und Land liegen im Hinblick auf die Finanzierung des Wohnens allerdings Welten: Die Großstädter fühlen sich als Hauptbetroffene, während die Bewohner auf dem Land die Einführung einer Mietpreisbremse für nicht so vordringlich halten. Noch größer sind die landesspezifischen Unterschiede: Die Ostdeutschen haben mehr unter der Last der hohen Mietpreise zu leiden (69 %) als die Westdeutschen (62 %).

Seit etwa 2010 ist bei Wohnimmobilien ein Preisschub feststellbar. Nach Angaben der Bundesbank sollen sich Eigentumswohnungen um ein Fünftel verteuert haben. *Opfer der Mietpreisentwicklung* sind vor allem alleinstehende und alleinerziehende Haushalte mit einem Nettoeinkommen von weniger als 900 Euro. Auch Paarhaushalte mit weniger als 1.500 Euro bekommen zunehmend Probleme. *Der soziale Wohnungsbau muss eine Renaissance erfahren*, wenn es immer öfter an bezahlbarem Wohnraum in den Innenstädten mangelt. Die Zahl der geförderten Wohnungen mit nach oben begrenzten Mieten hat sich nach Schätzungen des Bundesbauministeriums seit den Neunzigerjahren mehr als halbiert. Die Mietpreisbremse lässt sich relativ problemlos realisieren, weil sie schnell wirkt und kaum öffentliche Gelder erfordert.

Die Mietpreisbremse stößt in der Wohnungswirtschaft und bei Wohnungsverbänden nicht gerade auf Begeisterung. Vermieter und Makler fühlen sich als die großen Verlierer. Unter Verweis auf die *Eigentumsgarantie des Grundgesetzes* wird die Verfassungsrechtlichkeit des staatlichen Vorgehens infrage gestellt. Was sind »angespannte Wohnungsmärkte«? Und wie müssen »Wohnungsknappheit«, »Wohnungsmangel« und »Wohnungsnot« definiert werden? Als Ausweg aus der Mietpreisbremse gilt die verstärkte *Ausweisung von Bauland* in innenstadtnahen Wohnlagen und in Regionen mit knappem Wohnangebot. Hier kann *mehr Wohnungsbau* wirksamer als die kurzfristige Durchsetzung der Mietpreisbremse sein.

Eine wachsende Bedeutung bekommt in Zukunft auch die *Gentrifizierung*, also die Verdrängung ärmerer Bevölkerungsgruppen aus angestammten Wohnvierteln. Die City-Wohnwelt droht zur Wohlstandswelt zu werden. Wohnungsbaugenossenschaften und öffentlicher Wohnungsbau werden umdenken müssen, wenn das Leitbild der sozialen Stadt nicht verloren gehen soll. »Gemischte Quartiere« lautet die urbane Herausforderung in einer Zeit, in der Wohn- und Lebensformen immer vielfältiger werden.

2. Energiewende.
Kostensteigerung verhindern

»Wir wollen die Energiewende – aber bitte so billig wie möglich.« Das fordern nicht nur die Verbraucher, sondern auch die Industrieunternehmen. Der Industrieverband BDI (BDI-Präsident Ulrich Grillo am 18. März 2014) rechnet vor, dass bis 2020 das Bruttoinlandsprodukt – ohne Strompreisrabatte – um 5 % niedriger ausfallen werde. Und so sieht die Rechnung der Industrie aus: *Günstige Energie = mehr Wachstum = mehr Jobs.*

Die erneuerbaren Energien sollen schon ausgebaut werden –
aber *nicht um jeden Preis.*

Der schnelle Atomausstieg in Deutschland hat dazu geführt,
dass mittlerweile die Wirtschaft genauso wie die Verbraucher-
schaft die steigenden Strompreise kritisieren. Das *Jahrhun-
dertprojekt Atomausstieg* sorgt durch

*   Windenergie und Solartechnik
* Co_2- und Stromspeicherung
*   Windturbinen und Elektroautos

für »neue Netze« – und neue Probleme. Die Kostenexplosion
droht.

Fast zwei Drittel der Deutschen (62 %) fordern die Politik auf,
bei der Umsetzung der Energiewende »eine Kostensteigerung
bei den privaten Haushalten zu verhindern«. Groß sind die Befürchtungen in den ostdeutschen Bundesländern (67 % – West-
deutschland: 60 %). Die politisch beschlossene Energiewende
stößt bei den Deutschen schon auf positive Resonanz – *solange
jedenfalls, wie die finanziellen Folgen nicht wehtun.* Windräder, Wasserkraftwerke und Solaranlagen sind gut und schön,
dürfen aber nicht teuer sein. Andernfalls regt sich Widerstand.

Noch warten die Deutschen auf die Realisierung des Erneuer-
bare-Energie-Gesetzes:

*   Einerseits soll am *Ausbau* von Windrädern und Solaranlagen
    festgehalten werden.
*   Andererseits soll, damit es nicht europaweit zu einer Verzer-
    rung der Wettbewerbsbedingungen kommt, der *Abbau* von
    Subventionen weiter vorangetrieben werden.

Der *Grünstromboom in Deutschland* gilt aus EU-Sicht als
»überfördert«. Dazu zählen vor allem die Windräder auf dem

flachen Land, die Photovoltaikanlagen auf den Dächern und die Biogaskraftwerke in der Landwirtschaft. Das Erneuerbare-Energien-Gesetz (EEG), im Jahr 2000 eingeführt, garantiert jedem Betreiber eine feste Einspeisevergütung, die wie beim Ausbau der Photovoltaik eine Kostenlawine entstehen lässt, die in Branchenkreisen als »*Kosten-Tsunami*« (RWI/ Rheinisch-Westfälisches Institut für Wirtschaftsforschung) kritisiert wird.

Die Verwirklichung der grünen Zukunftsbranche wird wohl als Leitindustrie noch länger auf sich warten lassen. Bis dahin kann es *Blackouts* und *Stromausfälle* geben – nicht nur Ampelausfälle und vermehrte Verkehrsunfälle, sondern auch gravierende Einschränkungen im Arbeits- und Lebensalltag: Telefon, TV und Internet werden davon genauso betroffen sein wie Kühltruhen in Supermärkten und Privathaushalten.

Die Energiewende ist nicht zum Nulltarif zu haben. Die EU rechnet für die privaten Haushalte mit einer *Verdoppelung der Energiekosten* (von 7,5 auf 15 %) bis 2030. Die Energiewende hat ihren Preis. Die Begeisterung der Bevölkerung für die Energiewende hält sich daher in engen Grenzen. Die positive Stimmung für die Förderung Erneuerbarer Energien droht zu kippen, wenn »erneuerbar« ein anderes Wort für »teuer« wird. Die Euphorie für die Zukunft des Solar- und Windkraftgeschäfts (Bundeskanzlerin A. Merkel im März 2009 in Arnstadt: »*Wir werden wunderbare Dinge erleben.*«) weicht der Nüchternheit wie nach Helmut Kohls Euphorie zur deutschen Vereinigung im Juli 1990 auch (Die neuen Bundesländer »*verwandeln sich schon bald in blühende Landschaften, in denen es sich zu leben und arbeiten lohnt*«.).

3. Arbeitszeitpolitik.
Flexibles Renteneintrittsalter (»Flexi-Rente«) einführen

Seit vier Jahrzehnten wird in Deutschland kontrovers und ergebnislos über unterschiedliche Rentenmodelle diskutiert: »Rente mit 63«, »Rente mit 65«, »Rente mit 67« usw. Problematisch ist in jedem Fall die starre Altersgrenze mit ihrem subjektiv empfundenen Fallbeilcharakter. Als *Idealvorstellung* gilt hingegen eine Art *gleitender Übergang in den Ruhestand*. Erstmals im Jahre 1974 wurde im politischen Magazin »Das Parlament« eine »abgestufte Pensionierungszeit mit eigenverantwortlichen Wahlmöglichkeiten und *flexibler Altersgrenze* für abhängige Berufstätige« (Opaschowski 1974, S. 32) vorgeschlagen.

Jetzt wird das Ruhestandsmodell des gleitenden Übergangs zum ersten Mal mehrheitsfähig: 57 % der Deutschen fordern ein »flexibles Renteneintrittsalter«. 60 % der (Noch-)Berufstätigen und 62 % der (Schon-)Ruheständler wünschen sich die Flexi-Rente und fordern von Politik, Wirtschaft und Gesellschaft die Einführung flexibler Altersgrenzen auf freiwilliger Basis mit der Möglichkeit zu Zuverdiensten und Rentenerhöhungen.

Und die Politik reagiert bereits: In der Großen Koalition wird die Klärung dieser Frage als spannendes Feld und große politische Gestaltungsaufgabe erkannt. Bundesarbeitsministerin Nahles signalisiert: »Wir wollen dafür sorgen, dass *bei der Rente Zahlen wie 63, 65 oder 67 unwichtiger* werden. Die Menschen sind im Alter länger fit, die Anforderungen der Berufswelt wandeln sich. Mein Ziel ist, dass künftig möglichst jeder gemäß seiner Leistungsfähigkeit *gleitend in Rente gehen* kann. Dafür sind *flexiblere gesetzliche Regeln* nötig, aber auch neue Initiativen der Tarifparteien« (Interview von Andrea Nahles in: DER SPIEGEL Nr. 11 vom 10. März 2014, S. 69).

Über Lebensarbeitszeit muss in Politik und Wirtschaft neu nachgedacht und entschieden werden. *Freiwillig länger arbeiten und lebenslang beschäftigt bleiben können* – als Haupt-, Teilzeit- oder Nebenjobber –, ist für viele ältere Beschäftigte der beste Weg zur Verhinderung von Altersarmut: Unter der Voraussetzung allerdings, dass die Beschäftigten unbegrenzt hinzuverdienen können – ohne Abzüge bei ihrer Vollrente.

In einer Gesellschaft des langen Lebens ist die Sicherung des Rentensystems nur über eine *möglichst lange Beschäftigung* der Erwerbsfähigen erreichbar – und nicht über Frühverrentung und Rente mit 63. Was in den USA »Bill der Klempner« genannt wird, ist in Deutschland der »Dachdecker«, der nicht so lange arbeiten kann … Die Wirklichkeit sieht ganz anders aus: Der Zentralverband des Deutschen Handwerks (ZDH), der rund eine Million Betriebe in Deutschland vertritt, bezieht eindeutig Position. Er schlägt *flexible Teilrentenmodelle* vor, die einen gleitenden Übergang ermöglichen, um Mitarbeiter möglichst lange in den Betrieben halten zu können: »Jeder soll so lange arbeiten, wie er physisch und psychisch dazu in der Lage ist und das möchte« (Wollseifer 2014, S. 8).

Auch aus finanzpolitischer Sicht sprechen viele Gründe für eine Verlängerung der Lebensarbeitszeit: *Die Pensionslawine wird sonst zum Zukunftsrisiko.* Mehr als jeden dritten Euro verwenden die Bundesländer heute schon für Personalausgaben. Das Rentenniveau von 46,4 % wird auf Dauer nicht zu halten sein. In den nächsten zwanzig Jahren drohen drastische Kürzungen.

Die Finanzierung der Rentenpläne der Großen Koalition (Mütterrente, abschlagsfreie Rente mit 63, verbesserte Erwerbsminderungsrente) scheint kurzfristig gesichert zu sein – bezogen auf die laufende Legislaturperiode. Nach 2017 sieht die Rentenwelt ganz anders aus.

Die Rente ist schließlich auch eine Gerechtigkeitsfrage. Generationengerechtigkeit ist erst dann erreicht, wenn das Rentenniveau auf dem Stand von heute eingefroren und nicht für künftige Generationen gesenkt wird. Finanzpolitische Kompetenz zeichnet sich durch weitsichtige Finanzierung aus. Vieles deutet darauf hin, dass die finanzpolitischen Planungen der Großen Koalition nur für diese Legislaturperiode gelten. Kostenrelevanz und Kostenwirkung »nach 2017« bleiben weitgehend außer Betracht.

Nachweislich stellen die Mittel für die gesetzliche Rentenversicherung den größten Ausgabenposten im Bundeshaushalt dar. Der Rentenzuschuss des Bundes lag in den Jahren zwischen 2010 und 2013 konstant bei 81 Milliarden Euro, wird im Jahr 2015 auf etwa 85, 2017 auf über 90 Milliarden anwachsen und *im Jahr 2021 erstmals die 100-Milliarden-Grenze sprengen.* Von Ausgabenstabilität wird man sich dann verabschieden müssen. Steuerfinanzierungen und *Steuererhöhungen* werden die Folge sein.

Freiwillig länger arbeiten – später in Rente: Dies ist die Leitlinie des Lebens und Arbeitens in der Zukunft. Nur so kann das Rentenversicherungssystem zukunftsfest und der persönliche Lebensstandard annähernd erhalten bleiben.

Wenn das Rentenniveau in zwanzig Jahren auf etwa 40 % des Nettolohnniveaus sinkt, *wird länger Arbeiten zur Normalität.* Andernfalls drohen individuelle Altersarmut und öffentliche Zahlungsunfähigkeit. Schließlich haben sich die Renten- und Pensionszahlungen seit den Sechzigerjahren von 33 auf 699 Milliarden Euro mehr als verzwanzigfacht, während sich das Bruttoinlandsprodukt im gleichen Zeitraum nur verdreizehnfacht hat (von 155 auf 2.071 Mrd. Euro).

Ab 2016 (beim Bund) und ab 2020 (bei den Ländern) soll die Schuldenbremse greifen, während gleichzeitig die Ausgaben für Renten und Pensionen explodieren und die Babyboomer-Generation in Rente geht: Die Schuldenbremse wird zur Rentenfalle, weil die meisten Bundesländer dafür keine Rücklagen gebildet haben.

Diese Nachhaltigkeitslücke wird nur durch Rentenkürzungen, Geldentwertungen (Inflation) oder durch längere Beschäftigungen ausgeglichen werden können. Kommen dann japanische Verhältnisse auf uns zu? Die meisten Japaner hören heute erst »nach 70« zu arbeiten auf …

Die politische Konsequenz ist klar: Der beste Weg zur Bekämpfung von Altersarmut ist *eine möglichst lange Beschäftigung*, weil aus der gesetzlichen Rente allein der gewohnte Lebensstandard nicht gehalten werden kann. Bei einem tendenziell sinkenden Rentenniveau in den nächsten zwanzig bis dreißig Jahren wird eine wachsende Zahl von Älteren weiterarbeiten müssen und wollen. Nur eine Minderheit wird »gut vorgesorgt« haben. Eines ist allen Bürgern gemeinsam: Sie wollen – mit oder ohne Bezahlung – bis ins hohe Alter beschäftigt sein, um etwas zu leisten oder sich mehr leisten zu können.

Auch arbeitsmarktpolitische Gründe sprechen dafür. Wenn es in Zukunft nicht zu einem katastrophalen Mangel an Fachkräften kommen soll, muss in den nächsten Jahren die »*Stille Reserve*« von über drei Millionen Arbeitskräften aktiviert werden. Erforderlich werden nach Einschätzung der Wirtschaft *etwa zwei Millionen ältere Arbeitnehmer* über 65 Jahre. Der demografische Wandel in Deutschland wird schon bald einen grundlegenden Beschäftigungswandel in der Arbeitswelt zur Folge haben. Dann heißt es nicht mehr: »Mit 50 zum alten Eisen«, sondern: »Re-Start mit 50!« *Die Wirtschaft braucht wieder ältere Arbeitnehmer.*

Die älteren Beschäftigten wollen einerseits genügend Geld zum Leben haben, aber auch im Alter weiter gebraucht werden. Sie fordern mehr flexible Möglichkeiten zur individuellen Lebensarbeitszeitgestaltung und weniger gesetzliche Zwangsverrentung.

Das Defizitbild vom Alter ist längst überholt. Die »Altersstudie 2013« (Allensbach/Generali 2012) weist repräsentativ nach, dass die Vitalität der Älteren in den letzten Jahren deutlich zugenommen hat, weshalb sich auch eine *große Mehrheit jünger fühlt*, als es ihrem tatsächlichen Alter entspricht. Physisch und mental sind sie mit ihren Lebensumständen sehr zufrieden, ja eine optimistische Grundhaltung dominiert in ihrem Leben:

- Rund drei Viertel der 65- bis 69-Jährigen bezeichnen sich als nicht alt.
- Im Durchschnitt fühlen sie sich 9,3 Jahre jünger, als sie wirklich sind.
- Zwei Drittel dieser Altersgruppe beschreiben sich als optimistisch.

Die 65plus-Generation bescheinigt sich aufgrund ihrer Lebens- und Berufserfahrung zwei besondere Kompetenzen:

1. »Man überblickt alles viel besser« und
2. »Man ist gelassener«.

Mehr *Erfahrung, Gelassenheit und Unabhängigkeit* zeichnen diese Generation aus. Sie weiß, was sie will, fühlt sich weniger unter Druck und leidet auch weniger unter Stressbelastungen. In Bezug auf Vitalität und Mobilität ist sie auch objektiv jünger als frühere altersgleiche Generationen. Selbst Innovationsfähigkeit und Offenheit für Neues, die eigentlich spezifische Merkmale für Jugend und Jugendlichkeit sind, sind bei ihr stark ausgeprägt. *Die 65-Jährigen sind heute so innovationsfreudig wie die 55-Jährigen vor dreißig Jahren* (vgl. Allensbach/Generali 2012).

Erwerbstätige bleiben immer länger im Beruf. Die Ära der Frühverrentung ist zu Ende. Mittlerweile gibt es wieder wie in den Siebzigerjahren unter den 60- bis 65-Jährigen mehr Erwerbstätige (42 %) als Ruheständler (40 %), wie das Bundesinstitut für Bevölkerungsforschung (BIB) nachweist.

Ein unaufhaltsamer Trend zu längeren Lebensarbeitszeiten zeichnet sich ab. Die Arbeitnehmer wünschen sich einen flexiblen bzw. gleitenden Übergang in den Ruhestand – mit entsprechenden Zu- oder Abschlägen für einen späteren oder vorgezogenen Renteneintritt. Das Land Schweden hat es erfolgreich vorgelebt: Die Möglichkeit zur Individualisierung lässt dort die Menschen *immer später in Rente gehen*. Dies gilt auch für Norwegen.

Das norwegische Modell ist zukunftsweisend: Norwegen bietet seinen Beschäftigten für das Renteneintrittsalter ein flexibles Zeitfenster zwischen 62 und 75 Jahren an. Weil die Menschen immer älter, gesünder und gebildeter werden, wächst auch ihre Produktivität im Alter.

Jeder fünfte 65- bis 69-Jährige (20 %) in Deutschland arbeitet noch regelmäßig – ob Vollzeit, Teilzeit oder stundenweise. Das Spektrum beruflicher Tätigkeiten reicht von Hausmeisterdiensten, Betreuungs- und Pflegeberufen über handwerklichtechnische Tätigkeiten bis zu Leitenden Angestellten, freien Berufen und Lehrtätigkeiten. In der Alternsforschung spricht man mittlerweile von »*Arbeit trotz Rente*« (Naegele 2012, S. 104) und meint damit überwiegend Teilzeitbeschäftigungsverhältnisse und verkürzte Arbeitszeiten.

»Rentnerjob« und »silver work« sind für die einen eine Art Notlösung, um Altersarmutsrisiken auszugleichen, für die anderen aber eine Chance, gesellschaftlich wichtig zu bleiben.

Die Wirtschaft signalisiert: Ältere Arbeitskräfte sind so gefragt wie nie. In keinem anderen Land der Europäischen Union – außer in Schweden – sollen Ältere besser in den Arbeitsmarkt integriert sein als in Deutschland. *Die Wirtschaft macht einen Strategiewandel durch* und nimmt Abschied vom Jugendwahn des 20. Jahrhunderts. Die Beschäftigungsquote der rentennahen über 60-Jährigen wächst stärker als alle anderen Altersklassen: Jedes Jahr um mindestens zwei Prozentpunkte (2000: 10,4 % – 2011: 27,5 % – 2020: ca. 45 % – 2030: ca. 65 %).

Nach Erkenntnissen des Deutschen Industrie- und Handelskammertags gelten ältere Arbeitnehmer als hoch spezialisierte Wissensträger, die nicht ohne Weiteres zu ersetzen sind – auch ein Grund dafür, warum sich die Wirtschaft so vehement gegen die Einführung einer »Großelternzeit« wehrt, nach der ältere Arbeitnehmer eine Auszeit bis zu drei Jahren nehmen können. Die Senioren wollen weiter beschäftigt bleiben – nicht weil sie es müssen, sondern weil sie es wollen. »Altersgrenzen«, »Höchstalter« und »Zwangspensionierungen« verbieten sich in einer Gesellschaft des langen Lebens. Jeder will selbst darüber entscheiden können.

Es entwickelt sich ein zweiter Arbeitsmarkt von Zweit-, Mini- und Nebenjobbern, bei denen Rentner überrepräsentiert sein werden, weil sie den Zuverdienst zum Leben im Ruhestand brauchen. Selbst über 70-Jährige werden im Einzelfall ihr Recht auf Arbeit einklagen. Über »Altersgrenzen« und »Altersdiskriminierung« wird öffentlich diskutiert und über eine gerechte und solidarische Arbeitsteilung zwischen den Generationen muss neu entschieden werden.

Im Jahr 1990 machte die Netto-Standardrente vor Steuern 55,0 % des durchschnittlichen Jahresgehalts aus, zehn Jahre später 52,9 % und 2010 51,6 %. 2020 werden es nur etwa 47,8 % sein. Bis 2030 wird das Rentenniveau weiter sinken, sodass die *Sicherung des Lebensstandards nicht mehr gewährleistet* ist. Und das vor dem Hintergrund einer wachsenden Zahl von atypisch Beschäftigten, wozu drei Millionen Minijobber, fünf Millionen Teilzeitbeschäftigte und acht Millionen Niedriglöhner gehören.

Die Vorsorge-Falle droht: Die Rente ist sicher, aber das Rentenniveau sinkt. Die Rentenbezugsdauer hat sich seit den Sechzigerjahren von zehn auf zwanzig Jahre verdoppelt. Die Lebenserwartung nimmt weiter zu, aber die Zahl der Beitragszahler schrumpft. Das kann auf Dauer nicht gut gehen, wenn der Geburtenrückgang anhält. Daraus folgt: Die Alten müssen für ihr Altersgeld selber sorgen, also länger arbeiten oder mit dem sinkenden Rentenniveau zufrieden sein.

Das australische Modell kann hier wegweisend sein: Die liberale Regierung von Ministerpräsident Tony Abbott will das Renteneintrittsalter auf 70 Jahre heraufsetzen, um den wirtschaftlichen und fiskalischen Herausforderungen einer alternden Bevölkerung wirksam begegnen zu können. Dadurch kann das Rentensystem nachhaltig gestärkt werden, ohne das Rentenniveau zu senken oder Steuern zu erhöhen. Der demografische Wandel zwingt die zwölftgrößte Volkswirtschaft der Erde zu dieser Maßnahme: Denn in den nächsten vier Jahrzehnten wird sich die Zahl der über 85-Jährigen in Australien vervierfachen ...

In fünfzig Jahren wird jeder dritte Deutsche ein Rentner sein, oder auch nicht, wenn Ältere auf freiwilliger Basis *länger arbeiten – zum Wohle der Jungen*, damit sie die finanziellen Lasten der demografischen Entwicklung nicht allein tragen müssen.

Die Rentensicherungsformel der Zukunft lautet: Doppelt so viele Arbeitsjahre wie Rentenjahre! Konkret: 25 Jahre Lernzeit + 45 Jahre Erwerbszeit + 20 Jahre Rentenzeit = 90 Jahre Lebenszeit.

4. Gesundheitsförderung.
Therapien von Volkskrankheiten

Die Gesundheit wird zum Megamarkt der Zukunft. In der immer älter werdenden Gesellschaft boomen Bio- und Gentechnologien, Pharmaforschung und Forschungsindustrien gegen Krebs, Alzheimer und Demenz sowie gesundheitsnahe Branchen, die Care, Vitalität und Revitalisierung anbieten. *Die Gesundheit bekommt in Zukunft fast Religionscharakter:* Nimmt dann das Gesundheitswesen die Form einer Kirche an (vgl. Meisner 1999, S. 6)? Die Gesundheit stellt den wichtigsten Wert im Leben dar. Die Achtung, ja Hochachtung vor der eigenen Gesundheit wird in einer Gesellschaft des langen Lebens immer bedeutsamer. Gesundheit heißt aber mehr als körperliche Fitness: Es geht im wahrsten Sinn des Wortes um das *Wohlfühlen in der eigenen Haut.*

Gesundheit ist das höchste Gut im Leben, aber nicht Selbstzweck des Lebens. Dahinter steht die massive *Angst vor schweren Krankheiten.* In der Bevölkerung herrscht noch immer ein weitgehend *negatives Gesundheitsverständnis,* bei dem Gesundheit negativ als Verhinderung bzw. Abwesenheit von Krankheit gesehen wird. Insofern kann es nicht überraschen, dass die Therapien von Alzheimer, Krebs und Aids von einer deutlichen Mehrheit der Bevölkerung (56 % – 55plus-Generation: 68 %) als unverzichtbare Zukunftsinnovation gesehen werden. Diese Leistung soll die *wichtigste Zukunftsaufgabe im medizinischen Bereich* werden.

Alte Menschheitsträume vom langen oder »ewigen« Leben sind eher zweitrangig. Nach Auffassung der Bevölkerung sollen medizinische Fortschritte in erster Linie dem Kampf um die gesundheitlichen Bedrohungen des Lebens gelten. Existenzielles soll Vorrang vor Lifestyle oder jugendlichem Aussehen haben.

Eine neue *Anti-Aging-Medizin* wird sich bald überall in der westlichen Welt ausbreiten und die Gesundheitskosten in die Höhe schnellen lassen. Nach der weitgefassten Definition der Weltgesundheitsorganisation (WHO) ist Gesundheit ein Zustand vollkommenen körperlichen, geistigen und sozialen Wohlbefindens und nicht allein das Fehlen von Krankheit und Gebrechen. Doch was ist gesund und was ist krank? Diese Fragen werden vor dem Hintergrund eines immer längeren Lebens immer schwerer zu beantworten sein. Gehören Osteoporose und Cellulitis zu den ganz normalen Altersbeschwerden? Oder zu den Krankheiten? Sind es Pseudokrankheiten im Sinne von natürlichen Körpervorgängen? Oder sind es gar Nichtkrankheiten? Die Grenzen zwischen krankhaften Veränderungen und kosmetischen Problemen, Lebensqualitätseinbußen und Lifestyle-Ansprüchen werden immer fließender.

In der alternden Gesellschaft Deutschlands werden in den nächsten Jahren Volkskrankheiten wie Diabetes, Krebs, Herz-, Kreislauf- und Infektionskrankheiten deutlich zunehmen. Erforderlich wird daher eine Gesundheitsagenda: ein Netzwerk bzw. eine nationale Strategie der Gesundheitsforschung im Stil des amerikanischen National Institute of Health (NIH). Präventionsforschung wird dabei eine zentrale Rolle spielen.

Ein *betriebliches Gesundheitsmanagement* wird erforderlich, bei dem es nicht nur um Rückenkurse und Gesundheitschecks gehen kann. Im Zentrum wird auch die Burn-out-Prävention stehen müssen, die psychosoziale Belastungen und Risikofaktoren verhindern hilft.

Hochaltrigkeit ist vor allem durch *Multimorbidität* gekennzeichnet: Hochaltrige leiden gleichzeitig an mehreren *Krankheiten*, die *mit ihnen alt werden*. Nach vorliegenden Erkenntnissen (vgl. Naegele 1999, S. 8) kann man schon bei den 70- bis

90-Jährigen von etwa fünf bis neun nebeneinander existierenden Krankheiten ausgehen. Zu Recht stellt die Enquete-Kommission des Deutschen Bundestages fest: »Es gibt bislang keinerlei Hinweise, dass die Bereitschaft zum solidarischen Verhalten innerhalb der Familie geringer wird« (Enquete-Kommission 1994, S. 147). Nur: Wenn es in Zukunft weniger Kinder und weniger familiäre Bindungen gibt, dann muss zwangsläufig auch das Solidaritätspotenzial von Familien geringer werden. Die bisher bewährte Unterstützung des familialen Netzes muss in Zukunft vermehrt durch andere Leistungen ersetzt werden.

Die Zunahme der Hochaltrigkeit wird zur *neuen sozialen Herausforderung* in Deutschland und zum größten Problemfaktor für die soziale Absicherung. Die Pflegefallwahrscheinlichkeit nimmt mit der Hochaltrigkeit zu. Andererseits: *71,2 % (2014) der 80- bis 90-Jährigen sind nicht pflegebedürftig.* Die Gleichsetzung von Alter und Pflegebedürftigkeit stimmt nicht mehr.

Im nächsten Jahrzehnt werden etwa eine Million Deutsche mindestens neunzig Jahre alt sein: Eine ganze Großstadt nur mit über Neunzigjährigen. Etwa drei Viertel von ihnen werden Frauen sein, die noch aktiv Verantwortung für die nachfolgenden Generationen (Kinder/Enkel) übernehmen.

In Zukunft können Rentner lange und immer länger leben, wenn sie sich von der Vorstellung verabschieden: »Mehr Medizin = Mehr Gesundheit«. Die Lebenserwartung ist sehr viel mehr vom *individuellen Lebensstil* wie z. B. der körperlichen Bewegung, den Ernährungsgewohnheiten und der Lebenszufriedenheit abhängig.

Auf lange Sicht könnte z. B. die Einführung eines Schulfachs »Gesundheitserziehung« kostengünstiger sein als die ständige Androhung von Notprogrammen und Notrezepten bei Lebensgefahr. Andernfalls droht eine Zwei-Klassen-Medizin, bei der sich die Eltern von ihren Kindern zu Weihnachten ein neues Hüftgelenk schenken lassen ...

Etwa jeder zehnte Euro wird bisher in Deutschland in das Gesundheitswesen investiert. Nachbarländer wie Frankreich, Niederlande oder Großbritannien geben deutlich weniger dafür aus. Vor dem Hintergrund der wirtschaftlichen Entwicklung muss also davon ausgegangen werden, dass es schon bald weniger Gesundheitsleistungen in Deutschland gibt, weil es auch weniger Arbeitsleistungen gibt. Die Megathemen des nächsten Jahrzehnts werden Arbeit und Gesundheit sein. Sie entscheiden darüber, ob in Zukunft die soziale Kälte oder die soziale Geborgenheit regiert.

Pflegeimmobilien werden als »die« Investitionspotenziale der Zukunft gehandelt – vor allem in den suburbanen Räumen wirtschaftlich attraktiver Großstädte wie Hamburg, Frankfurt oder München. Milliardenschwere Renditen werden in Aussicht gestellt. Die Zukunftswirklichkeit sieht anders aus. Denn der Alterungsprozess der deutschen Bevölkerung geht nicht zwangsläufig mit einem Anstieg der Pflegebedürftigkeit und schon gar nicht mit einem Boom von Pflegeheimen einher. Stattdessen sorgt die Technikentwicklung für *neue Assistenzsysteme für Hochaltrige* – von virtuellen Netzen mit Ärzten über telemedizinische Messgeräte bis zu Servicerobotern. Noch wichtiger als der technische Fortschritt aber wird der *soziale Fortschritt* sein, die Wiederentdeckung der Generationenbeziehungen und die Entwicklung zu einer Gesellschaft auf Gegenseitigkeit jenseits von Geld und Gütern.

Es ist kein Zufall, dass derzeit allein schon der Gedanke, Pflegewohngruppen und Pflegewohngemeinschaften könnten ein ergänzendes und zusätzliches Angebot zur »Heimunterbringung« sein, auf den massiven Widerstand der institutionalisierten Altenpflege stößt. Sozialverbände von der Caritas bis zur Diakonie laufen Sturm gegen die vom Bundesgesundheitsministerium geplante Pflegereform, nach der die *Pflege in den eigenen vier Wänden* vorrangig gefördert werden soll. Lobbyisten befürchten, dass Subventionen verloren gehen oder in informelle Bereiche abfließen.

Wenn sich vier Freunde im Alter zusammenschließen, dann bekommen sie in Pflegestufe 1 bis zu 3.460 Euro im Monat, womit problemlos ein Pflegedienst oder zwei Halbtagspflegekräfte bezahlt werden können. Selbstbestimmung und Selbstorganisation bleiben so gewahrt.

5. Netzpolitik. Privatsphäre und Persönlichkeitsrechte stärker schützen

Im Jahr 5 vor Facebook – also 1999 – kündigte der Autor in der Zukunftsstudie *»Generation @«* eine *»Jahrtausendrevolution«* an, die das gesellschaftliche und private Leben der Menschen in Beruf und Alltag radikal verändern werde. Dieser Wandel stehe unter dem elektronischen Zeichen von @: Neue Kommunikationsformen und neue Lebensweisen würden die Folge sein. Web und Welt würden verschmelzen, in der am Ende fast alle Menschen verkabelt werden könnten. Im Mittelpunkt des Lebens stehe das Internet, dem ein geradezu »religiöser Status« verliehen werde, bei dem Computerprogrammierer die »Rolle von Priestern« spielten. In dieser »Schönen Neuen Medienwelt« wachse eine Generation @ auf, für die *»total digital«* *völlig normal* sei. Das Kind werde selbst zum Scanner, um die Vielzahl der Signale psychisch überhaupt noch verarbeiten und speichern zu können. Die Zukunftsprognose auf den Punkt gebracht: »Der PC – dein Freund und Speicher« (Opaschowski 1999, S. 94).

Fünf Jahre später war es so weit: Facebook wurde geboren, ein neues soziales Netzwerk von Freunden in aller Welt. Längst ging es nicht mehr nur wie bei Google um den Zugang zu Wissen und Informationen: *Digital Life* hieß der Trend, durch den alle Nutzer am Leben ihrer Freunde teilnehmen konnten – zu jeder Zeit an jedem Ort. Mobilität total.

Der Autor hatte 1999 drei grundlegende *Prognosen für die nahe Zukunft* veröffentlicht:

- Der George Orwell'sche »Big Brother«-Staat ängstigt die Bürger. Der *gläserne Konsument* wird Wirklichkeit. Jeder kann durch Kunden-, Kredit-, Kranken- und Chipkarten durchleuchtet werden, sodass Lebensdossiers und konkrete Persönlichkeitsprofile problemlos konstruierbar sind.
- Nichts gilt mehr als sicher, weil jeder User Spuren im Internet hinterlässt. Der »Große Lauschangriff« steht unmittelbar bevor. Ein Einbruch in die Privatsphäre droht. Gegenüber *Datenmissbrauch* wird man sich kaum wehren können.
- Es ist kein Zufall, dass das Internet vom amerikanischen Verteidigungsministerium erfunden wurde. Das Internet wird zu einem elektronischen Schlachtfeld, das *außer Kontrolle* gerät.

Die Bürger haben das Freiheitsversprechen des Internets für bare Münze genommen und können sich jetzt kaum mehr persönlich gegen ihre Überwachung zur Wehr setzen. Es gibt dafür keine Regeln, keinen Kompass und kein Konzept. Sie sind gefangen im digitalen Netz einer fremden Besatzungsmacht.

Genauso ist es gekommen. Insofern überrascht es schon, dass anderthalb Jahrzehnte später Sascha Lobo, der in Deutschland als »der« Internet-Experte gilt, 2014 eine breite Diskussion in der medialen Fachöffentlichkeit mit seinem Eingeständnis auslöste:»Ich habe mich geirrt.« Selbstkritisch musste er eingestehen:

- Das Internet ist gar nicht das ideale Medium der Freiheit, sondern ein *Medium der totalen Kontrolle*. Der NSA-Spähskandal hat die Totalüberwachung des Internets aufgedeckt. Der Kontrollwahn hat alles geändert. Lobo empfindet dies als »tiefste Kränkung« für die Netzgemeinde.
- Selbst soziale Netzwerke entwickeln sich zu einem perfekten *Instrument der Überwachung*. Patientenakten sowie Konsum- und Finanzamtsdaten unterliegen im Internet einem Sog privatester Informationen.
- Die positiven Versprechungen des Internets als Utopie einer besseren Welt sind der größte Irrtum des Netzzeitalters. Die Digitalisierung hat die *Durchprogrammierung der Welt* und nicht den erhofften Freigarten der Bildung und Kultur gebracht.

Dies alles war frühzeitig vorausgesagt, aber nicht geglaubt worden. Jetzt steht die Netzgemeinde vor ihrem Scherbenhaufen: »Das Internet ist kaputt« (Lobo 2014, S. 37). Die gefühlte Netzfreiheit erweist sich als Scheinfreiheit. Der Big Brother heißt nicht NSA, sondern Google, Apple und Amazon.

In Konturen zeichnet sich eine digitale Kontroll- und Überwachungsgesellschaft ab. Alles ist mit allem vernetzt und kann lückenlos protokolliert werden. Wer beispielsweise heute meint, auf das traditionelle Bücherlesen verzichten zu können und sich stattdessen die Bücher online auf den Kindle lädt, muss damit rechnen, gespeichert und registriert zu werden und sein Lektüreprofil öffentlich zu machen.

Kalter Krieg und *11. September* müssen in der internationalen Politik *als Vorwand* herhalten, um eine umfassende digitale Überwachung und Ausspähung zu ermöglichen. NSA symbolisiert den Big-Brother-Staat George Orwells. Was positiv als Gefahrenabwehr und aktive Aufklärung für die Sicherheit der Bürger verkauft wird, zielt in Wirklichkeit auf eine totale Überwachung und *bewusste Einschränkung der persönlichen Freiheitsrechte.*

Der Tag ist nicht mehr fern, an dem die meisten Nutzer als Folge der NSA-Ausspähaktionen das Vertrauen in die Sicherheit des Internets verlieren. Selbst die Interessenvertretung Bitkom muss mittlerweile selbstkritisch eingestehen, dass sich der *Anteil der Internetkritiker*, der seine persönlichen Daten für »völlig unsicher« hält, allein zwischen 2011 und 2013 mehr als *verdoppelt* hat (von 12 % auf 27 %). Ein massiver Vertrauensverlust und ein Alarmsignal für IT-Innovationen. Wer will in Zukunft noch neues Mitglied in sozialen Netzwerken werden oder Cloud-Dienste in Anspruch nehmen?

Mit dem System XKeyscore kann mittlerweile jedes Telefonat »gelesen« und jede Datei gespeichert werden. Die Überwachung schließt Webmail- und Chat-Aktivitäten mit Benutzernamen ebenso ein wie »Freundeslisten« in sozialen Netzwerken. Hinzu kommt die Ermittlung von Aufenthaltsorten mittels GPS-Koordinaten. Jederzeit können Positionsdaten des GPS-Empfängers sowie Bewegungsprofile weitergeleitet werden. Für die Zukunft gilt: *Mit dem Vernetzungsgrad potenzieren sich die Möglichkeiten staatlicher Überwachung.* Die digitale Freiheit wird zur digitalen Fessel, wenn alles, was ein User im Internet tut (E-Mails, Chats u. a.), in Echtzeit verfolgt werden kann.

Das *Hacking der Computersysteme* wird in Zukunft Kreditkarten und Geldautomaten immer unsicherer machen. Cyberkriminelle werden statt Waffen und Masken Laptops und das Internet als Werkzeuge benutzen. Sogenannte »*Casher*« werden dann als Handlanger von Geldautomat zu Geldautomat gehen und ihre Cyberraubzüge erledigen.

Wer schützt die Bevölkerung vor dem massiven Angriff auf die Privatsphäre? Es ist schon bemerkenswert: *Netzaktivisten und Datenschutzbeauftragte* in Deutschland kritisieren das unsichere Datennetz – aber *nutzen selbst E-Mails und Mobiltelefone weiter ungeschützt*. Ihre Medienkritik hat keine persönlichen Konsequenzen. Sie rütteln die Öffentlichkeit wach, tun selbst aber nichts – weil sie wissen, eigentlich nichts tun zu können.

Die Nutzer verlieren das Vertrauen in den Datenschutz und glauben nicht mehr an das Recht auf Selbstbestimmung über ihre Daten. Der heimliche Eingriff in ihre Privatsphäre wird ihnen langsam unheimlich. Bald wird es cool sein, aus facebook, WhatsApp und sozialen Netzen auszusteigen, um die Privatsphäre zu schützen.

Quer durch alle Parteien ist man sich inzwischen wegen der NSA-Abhöraffäre einig: Das Vertrauen in den Schutz der Privatsphäre muss wiederhergestellt werden. Dies ist auf den ersten Blick ein ebenso naiver wie grundlegender Denkfehler: Im Zeitalter des Internets *gibt es keinen garantierten Schutz der Privatsphäre mehr* – ob nun mit oder ohne NSA. Weder parlamentarische noch völkerrechtliche Regelungen können diesen von Anfang an vom Militär geplanten weltweiten und breitflächigen Spähprozess noch aufhalten. *Die »rote Linie« ist doch längst überschritten* – weil alles, was technisch möglich ist, auch gemacht wird.

Späh- und Spionageabwehr wird in Zukunft nur noch dann funktionieren, wenn es um Wirtschafts- und Sabotageschutz geht. Die Sicherheitsinteressen der Märkte bleiben gewahrt, die Bedürfnisse der Menschen nach Privatsphäre und Menschenrechten weitgehend nicht. Deshalb sind parteiübergreifende Empörungen scheinheilig: Sie gleichen bloßen Beschäftigungstherapien von Parlamentariern, die permanent »untersuchen« und »aufklären« wollen.

Der 11. September hat alles verändert: Zu vorschnell ist man mit diesem Urteil. In Wirklichkeit wird im 21. Jahrhundert meist das gemacht, was technisch machbar ist. Der 11. September ist Vorwand und dient nur der »Legitimation«, damit der Staat in den Augen der Bürger nicht als Überwachungsstaat erscheint. Unbestritten ist doch, dass die staatlichen Überwachungsmaßnahmen *außer Kontrolle* zu geraten drohen und jeder Bürger unter *Generalverdacht* steht.

Für die Zukunft deuten sich wachsende Spannungen zwischen individuellen Freiheitsrechten und staatlichen Sicherheitsinteressen an. Unternehmen werden sich mit viel Geld gegen Überwachung, Ausspähung und Spionage wehren können – der einzelne User kaum. Unternehmen gehen dazu über, Diensthandys als Einweggeräte zu nutzen und ganz schnell wieder zu entsorgen oder statt E-Mails wie früher persönliche Kuriere zu beauftragen ...

Am 1. August 1997 kam erstmals in Deutschland das Informations- und Kommunikationsdienste-Gesetz (InKDG) heraus, ein Regelwerk für den bis dahin *weitgehend rechtsfreien Cyberspace*. Ungeklärt sind aber bis heute noch viele Rechtsgrundlagen, wie etwa die Diskussion um die *Gen-Datei zur besseren Verbrechensbekämpfung* beweist. Erst durch die Bestimmung klarer Grenzen kann den in weiten Teilen der Bevölkerung anzutreffenden und mit der Gentechnik verbundenen Befürchtungen begegnet werden. Auch ein Grund, warum bereits 1995 der Bundestag entsprechende Bestimmungen für den *Gentest* (DNA-Analyse) verabschiedet hatte.

Indem von vornherein rechtliche Grenzen gesetzt werden, kann verhindert werden, dass z. B. der Einsatz solcher Untersuchungen im Strafverfahren zu übermäßigen, d. h. den Kern der Persönlichkeit berührenden Eingriffen führt. Ähnliches gilt für die Gen-Datei, in der solche Untersuchungsergebnisse gespeichert werden sollen. Keinesfalls darf eine Gen-Datei *Angaben über Erbanlagen oder charakterliche Merkmale* enthalten. Und es muss Regelungen zum sicheren Umgang und zur Löschung der Daten geben.

Gut jeder zweite Bundesbürger (53 %) ist verunsichert und fordert vom Staat, Privatsphäre und Persönlichkeitsrechte im Internet stärker zu schützen. Die *junge Generation* im Alter von 14 bis 29 Jahren zeigt sich *besonders sensibilisiert* für diese Problemlage. 56 % fordern Unterstützung vom Staat, der für neue Sicherungssysteme gegen Datenmissbrauch Sorge tragen soll. Hingegen verhält sich die 55plus-Generation, die die Datenschutzprobleme in den letzten zwanzig Jahren zu verantworten hat, relativ gleichgültig: Nur 46 % halten diese Problematik für eine wichtige politische Aufgabe. Insbesondere bei den Ruheständlern dominiert die *»Nach-mir-die-Sintflut«-Haltung*. Die nächste Generation soll selber sehen, wie sie damit klarkommt ...

Das Teledienstedatenschutzgesetz (TDDSG) bietet angeblich ein »Rundum-sorglos-Paket«, das keine Wünsche offenlässt. Die Praxis sieht aber ganz anders aus: Angesichts der Internationalität bzw. Globalität der Probleme werden die Grenzen nationaler Gesetzgebung offenbar. Die Bedeutung des Staates nimmt im weltumspannenden Netz ab. Manche nennen das TDDSG spöttisch ein *virtuelles Gesetz*, das sich im real existierenden Internet kaum oder gar nicht wahrnehmen lässt (vgl. Gundermann 2000). Andere plädieren für den Aufbau einer internationalen *Infrastruktur des Vertrauens* (Dix 2000, S. 105), die Rechtssicherheit schaffen soll.

Urheberrechtlich Geschütztes ist vermehrt der Piraterie ausgesetzt. Elektronischer Diebstahl breitet sich aus. Das ist eine technologiepolitische Herausforderung ersten Ranges. Ohne Sicherheitsstrategien im Cyberspace wird das Vertrauen in die Sicherheit der IT-Infrastruktur eher sinken.

Es kommt also darauf an, das Vertrauen aller Beteiligten (Anbieter, Nutzer, staatliche Aufsichtsbehörden, Datenschutzkontrollinstanzen) zu erhalten und zu stärken. Wir brauchen einen Vertrauensrahmen für die Schaffung sicherer Verschlüsselungstechniken.

Viele Bürger sehen sich als Internetnutzer dem Einbruch in ihre Privatsphäre relativ hilflos ausgeliefert: *Immer mehr erwarten vom Staat einen größeren Schutz ihrer Privatsphäre und Persönlichkeitsrechte im Internet.* Sie kennen die Risiken: Bei jedem Homebanking und Onlineshopping hinterlassen sie als Verbraucher»ergiebige Datenströme, die sich bei geschickter Verknüpfung profitabel vermarkten lassen (,Database-Marketing')« (Steffens 1995, S. 57). Hier muss der Datenschutz – als Partner des Verbraucherschutzes – zu Hilfe kommen, wenn sich der noch so vorsichtige User nicht anders gegen seine Datenausbeutung zu wehren weiß.

Insbesondere die junge Generation geht bisher viel zu gedankenlos mit dem Schutz ihrer Privatsphäre um. Stolz und demonstrativ stellen Jugendliche ihr Privatleben ins Netz. In Online-Communitys wie Myspace oder facebook fühlen sie sich zu Hause wie in einem globalen Dorf.

Nach Erfahrungswerten des Bundesverbandes Informationswirtschaft, Telekommunikation und neue Medien (Bitkom) stellt etwa jeder fünfte Deutsche private Informationen über sich ins Internet. Und jeder Zehnte gibt in Online-Communitys Privates von sich preis. ›Privates‹ kann heißen: Anschrift,

Konsumgewohnheiten, private Fotos ... *Die Privatsphäre wird zur Öffentlichkeit.*

Dem Schutz der Privatsphäre diente die bereits 1997 von der Europäischen Ministerkonferenz verabschiedete Erklärung zur weiteren Entwicklung der globalen Informationsnetze. Die Minister forderten die Medienindustrie auf, *die Netzbenutzung sicher und zuverlässig zu machen* und dem Schutz der Privatsphäre Rechnung zu tragen. Personenbezogene Daten der Nutzer sollten nur dann gesammelt und verarbeitet werden dürfen, wenn der Benutzer in Kenntnis der Sachlage seine ausdrückliche Genehmigung hierzu gegeben hat.

In Zukunft wird verstärkt über eine *Schutzbedürftigkeit des Internet-Bürgers* nachgedacht werden müssen, eine Art *Computer-Grundrecht* oder in der Terminologie des Bundesverfassungsgerichts:»Grundrecht auf Gewährleistung der Vertraulichkeit und Integrität informationstechnischer Systeme«. Die *Chancen nutzen* und gleichzeitig die *Risiken beherrschen* – so kann nur der politische Auftrag an die Zukunft lauten. Schlüsselfragen hierzu sind u. a.:

- Wie kann in Zukunft der Schutz der Persönlichkeitsrechte gewährleistet werden?
- Wie garantieren wir den Datenschutz, den Schutz der Privatsphäre *und* das Recht der informationellen Selbstbestimmung?

Die Chancen-Risiken-Abwägung gleicht einem Spagat: Die Computerkriminalität soll verhindert werden, ohne dabei die Freiheit des Datenverkehrs substanziell einzuschränken. Die Problemlösung kann nur auf eine größere Verantwortlichkeit von Anbietern und Nutzern zielen, um die freie Fahrt auf der Datenautobahn dauerhaft zu sichern.

Der Kampf erscheint beinahe aussichtslos – und trotzdem: Gut einem Drittel der deutschen Bevölkerung (37 %) macht die wachsende Computerkriminalität große Sorgen. Softwarepiraterie und Cyberterrorismus sollen unter allen Umständen verhindert werden. Erforderlich wird eine *nationale Digitalagenda*.

Jeder Bürger hat einen Anspruch auf den Schutz der Privatsphäre. Was für die Offline-Medien gilt, muss auch im Online-Bereich gegeben sein: Nutzer müssen anonym bleiben können.

Vielleicht gibt es am Ende nur eine unbeliebte, aber wirksame Problemlösung für die Zukunft: die Einführung einer Datensteuer. Dann würde die gewerbliche Nutzung von Daten kostenpflichtig werden. Eine marktwirtschaftliche Lösung, die IT-Unternehmen teuer zu stehen käme.

Ausblick: Neben dem demografischen Wandel wird uns der digitale Wandel in naher Zukunft sehr zu schaffen machen. Die Explosion der Rechnerdaten in Brillen, Uhren und Haushaltsgeräten wird unser Alltagsleben grundlegend verändern. Alles und alle sind mit allem vernetzt. Das ganze Leben wird digital. Und wenn eines Tages die zukunftsoptimistischen IT-Spezialisten mit Hirnforschern zusammenarbeiten, sind die sozialen Folgen für das Zusammenleben unabsehbar.

Andererseits: Es besteht kein Grund zur Untergangsstimmung. Die Erfindung und Nutzung des Internets stellt auch eine *Bereicherung unseres Lebens* dar, ein *erweitertes Menschenrecht* mit neuen Zugangsmöglichkeiten zu Information und Kommunikation, auf die wir ungern verzichten wollen. Nach wie vor hat die frühe Prognose aus dem Jahr 1999 Gültigkeit: PC und Internet »sind Helfer: Sie helfen, unser Leben angenehmer, leichter und bequemer zu gestalten. Aber sie sind nicht das Leben selbst« (Opaschowski 1999, S. 61). Auch in Zukunft verlernen wir nicht, miteinander zu reden, laut zu lachen, uns die Hände zu schütteln und gemeinsam etwas zu unternehmen – auch wenn wir dann vielleicht *mehr Computer als Autos kaufen* ...

6. Generationenpolitik. Kostenlose Kinder-, Jugend- und Altenbetreuung ermöglichen

Die Deutschen wollen in Zukunft *im sozialen Wohlstand leben*, der gleichermaßen materielle Sicherheit *und* soziales Wohlergehen gewährt. Dies können die Bürger dauerhaft nicht allein leisten. Sie hoffen daher auf die Unterstützung des Staates. Der Wunsch nach »kostenloser« Kinder-, Familien- und Altenbetreuung wird von jedem zweiten Bundesbürger genannt (52 %) – vor allem von Haushalten mit Kindern (68 %). In Krisenzeiten klingt dies wie ein Signal an Staat und Gesellschaft, Kommunen, Kirchengemeinden und Wohlfahrtsverbände, an Elternvereine, Betriebe und private Träger. Die Betreuungswünsche reichen von der Tagesmutterunterstützung bis zur Tagespflege bei älteren Menschen.

Nach dem Mikrozensus, der größten jährlichen Befragung von Haushalten in Deutschland und Europa, ist Deutschland *das kinderärmste Land Europas.* »Rabenmütter«, für die es in Frankreich keine adäquate Übersetzung gibt, galten bisher in Deutschland als Bezeichnung für hartherzige Mütter, die ihre Kinder vernachlässigen. Diese Sichtweise kann sich schon bald verändern, wenn sich vergleichbare französische oder finnische Verhältnisse in Deutschland ausbreiten: In Finnland haben Eltern einen *Rechtsanspruch auf kostenlose Kinderbetreuung* ab dem Alter von zehn Monaten.

Eine Reform der Kleinkinderbetreuung (Krippen/Kindergärten/Kinderhorte) ist – neben einer quantitativen Ausweitung des bestehenden Angebots – unverzichtbar. Kinderbetreuung als familienergänzende Erziehungsaufgabe muss als erweiterter Bildungsauftrag verstanden werden, weshalb auch eine Reform der Qualifizierung von Erziehungs- und Betreuungsfachkräften notwendig wird und die Ausgabe von Kita-Cards oder Betreuungsgutscheinen zu empfehlen ist.

Im Übrigen bietet der Ausbau der Kinderbetreuung mittelfristig gesehen auch einen *volkswirtschaftlichen Nutzen:* Die Nutzeneffekte (z. B. durch zusätzliche Steuereinnahmen und Sozialversicherungsbeiträge der Mütter) liegen »drei- bis viermal so hoch wie die Kosten« (Schmidt 2003, S. 85), die beim Ausbau von Kinderbetreuungseinrichtungen entstehen.

Den Bundesbürgern kann der Ausbau dieser Einrichtungen und Dienstleistungen mitunter nicht schnell und auch nicht gut genug gehen. Sie knüpfen daher ihre Zukunftshoffnungen an notwendige Investitionen in Betreuungs-»Plätze«. Genauso wichtig wird für sie aber auch der *Nachweis der Qualifizierung* und die verlässliche *Garantie einheitlicher Gütesiegel* sein. Denn sonst können aus den Forderungen von heute einzuklagende Rechtsansprüche von morgen werden. Anders lassen sich die steigenden Anforderungen nach beruflicher Mobilität nicht einlösen. Und ohne garantierte soziale Betreuungsleistungen ist die Unterhaltssicherung junger Familien nicht mehr gewährleistet.

In Deutschland zeichnet sich ein grundlegender Paradigmenwechsel in der Einstellung zum Berufsleben ab. Aus dem Alleinverdiener-Leitbild wird das Doppelverdiener-Ideal: Über zwei Drittel der Bevölkerung finden es geradezu ideal, wenn in einer Familie beide Partner berufstätig sind.

Ihre Begründung dafür lautet: »Es wäre ideal, wenn durch die Ganztagsbetreuung der Kinder beide Partner berufstätig sein könnten« (2013: 67 %). Fünf Jahre zuvor lag der Anteil der Befürworter lediglich bei 56 %. Wenn dieser Trend so anhält, werden im Jahr 2030 *über 80 % der Berufstätigen Doppelverdiener* sein wollen und müssen. Die Doppelverdienerfamilie wird dann Normalität werden.

Aus dem Rechtsanspruch wird eine mentale Anspruchshaltung, wonach der Staat in Zukunft für die Ganztages- und auch Ganzjahresbetreuung von Kindern berufstätiger Eltern Verantwortung tragen soll.

Für eine solche Entwicklung spricht insbesondere der Appell der Bevölkerung, die Ausbildung von Erziehern und Kindergärtnern zu verbessern, damit sie »in Zukunft verstärkt in die Erziehungsverantwortung einbezogen werden« können. Das fordern schon heute 81 % der Bevölkerung – auch ein Grund dafür, warum die Kritik in Deutschland immer lauter wird, weil teilweise auch fachfremdes Personal (wie z. B. Hebammen in Baden-Württemberg) für die Kinderbetreuung eingesetzt wird.

Andererseits formiert sich in Frankreich, das als Musterland für erfolgreiche Familienpolitik gilt, eine *erste Gegenbewegung*. Das französische Ideal der berufstätigen Mutter erscheint vielen plötzlich hohl und ausgehöhlt – zugespitzt in der Selbsterkenntnis: »Immer müde, immer gehetzt, immer schuldig« (Moulin 2013, S. 65).

Der persönliche Preis für die staatliche Kinderbetreuung ist offensichtlich hoch: Die frühe Fremdbetreuung der Kinder, die den Müttern von den Institutionen regelrecht »abgenommen« wird, fördert das Selbstständigwerden der Kinder, aber beeinträchtigt ihre Bindungsfähigkeit.

Für die Familienpolitik ist klar: *Geld zeugt keine Kinder.* Mehr Kinder- und Elterngeld führt nicht zwangsläufig zu einem Anstieg der Geburtenrate. Wer familienpolitisch die demografische Entwicklung positiv beeinflussen will, muss sich – neben der finanziellen Familienförderung und den infrastrukturellen Hilfen (z. B. Betreuungsleistungen) – mehr Gedanken über *die verinnerlichten Familienleitbilder der Bevölkerung* machen.

7. Volksentscheide.
Volksentscheide auf Bundesebene einführen

In einer Demokratie entscheiden Mehrheiten – manchmal nur knappe Mehrheiten. Eine knappe Mehrheit von 51 % der Deutschen fordert vom Staat mehr Volksentscheide, Bürgerforen und politische Mitbestimmung. 54 % der ostdeutschen, aber nur 50 % der westdeutschen Bevölkerung wünschen sich mehr Volksentscheide. Initiativen, Bürgerforen und Volksentscheide: Diese politische Trias wird die Zukunft der Demokratie »im Namen des Volkes« neu beleben.

Die parlamentarische Demokratie (durch gewählte Volksvertreter) wird durch die plebiszitäre Demokratie (durch spontane Bürgerbewegungen) ergänzt. Damit verändert sich das Verhältnis von Staat und Bürger: In den politischen Entscheidungsprozessen bekommen die Macher – fast unerwartet – Mitmacher auf ihre Seite, die mitmischen und sich einmischen wollen. Neue Bürgerbewegungen strafen Polit-Profis ab, die unglaubwürdig werden, wenn sie ihre Reformversprechen nicht einlösen.

Politische Überlegungen, Volksentscheide im Grundgesetz zu verankern, rütteln an den Grundfesten der parlamentarisch-repräsentativen Demokratie. Über die Wahlen hinaus wollen die Bürger Einfluss auf die politische Willensbildung nehmen und nicht mehr darauf beschränkt bleiben, nur alle vier Jahre die politische Grundrichtung zu bestimmen. Der Einfluss kann in Zukunft sogar so weit gehen, dass ein vom Bundestag beschlossenes *Gesetz durch einen Volksentscheid wieder aufgehoben* wird.

Die Hamburger stimmten gegen die Schulreform, die Bayern für ein striktes Rauchverbot und die Hessen für die Schuldenbremse. Und das Bahnhofsprojekt »Stuttgart 21« gilt ohnehin als Muster für direkte Demokratie ...

Volksabstimmungen werden daher in naher Zukunft bei der politischen Willens- und Entscheidungsbildung immer wichtiger. Denn drei Viertel der Bevölkerung in Deutschland sind mittlerweile davon überzeugt: »Die *Politiker* sind den Herausforderungen der Zeit immer weniger gewachsen. Sie *wirken wie Getriebene*, die nur noch auf Zuruf reagieren« – und dies mit wachsender Tendenz (2011: 59 % – 2012: 67 % – 2013: 75 %). Vor allem die ältere Generation in Deutschland, die Zeitvergleiche herstellen kann, macht sich darüber große Sorgen. Was die überforderten Politiker nicht schaffen, müssen die Bürger richten. *Volksentscheide* werden mehr als bisher darüber entscheiden, was vorrangig getan werden muss.

Insbesondere die urbane Bevölkerung im Umfeld der Großstädte fordert mehr Volksbefragungen. Die Bürger wollen ihre demokratischen Rechte stärker wahrnehmen, in die politische Offensive gehen und *die Parteien in die zweite Linie zurückdrängen, ja teilweise auch entmachten.* Ganz im Sinne von Artikel 21 des Grundgesetzes: »Die *Parteien wirken* bei der politischen Willensbildung des Volkes *mit*« – nicht mehr. Die Willensbildung soll wieder mehr vom Volk (»Wir sind das Volk«) als von den Parteien ausgeübt werden. Das kann nicht folgenlos bleiben.

- **Bürger und Politiker leben aneinander vorbei**
Es stimmt schon bedenklich, wenn die Sozialforschung nachweist, dass »*Bürger und Politiker in völlig unterschiedlichen Wertewelten leben*« (von Alemann u. a. 2011, S. 26): Politiker präferieren Political-correctness-Werte wie Toleranz und Gerechtigkeit. Bürger finden Alltagstugenden wie Ehrlichkeit und Verlässlichkeit besonders wichtig. Die Bürger denken an mitmenschliche Nähe, die Politiker mehr an gesellschaftliche Anforderungen. Die Bürger fühlen, die Politiker fordern. Die Bezugssysteme und Wertehierarchien beider Gruppen sind nicht deckungsgleich.

- **Direkte Demokratie wird von Parteien als Störung empfunden**
Aus der Sicht des Bundesverfassungsgerichts *neigt der Parteienstaat* in Deutschland derzeit *zu Abschottungstendenzen*. Der Eindruck entsteht: Die Bürgerdemokratie wird von Politikern fast als Störung empfunden. Denn die politische Willensbildung geht immer mehr von den Staatsorganen zum Volk hin – statt umgekehrt. Die Bürger wollen mehr Einfluss auf die Politik nehmen.

- **Bürger fühlen sich von wichtigen politischen Entscheidungen ausgegrenzt**
In Krisenzeiten fühlen sich die Bürger von vielen wirklich wichtigen politischen Entscheidungen ausgegrenzt. Von Beteiligung kann kaum noch die Rede sein. Die *Bevölkerung wird unterschätzt* – auch im Hinblick auf die *Zumutbarkeit ausgesprochener Wahrheiten*. Politiker müssen es wieder wagen, »die Wahrheiten über unsere realen Lebensverhältnisse und Zukunftsanforderungen auszusprechen« (Süssmuth 2011, S. 3).

- **Wähler wenden sich tendenziell von der repräsentativen Demokratie ab**
Wenn die Bevölkerung der Meinung ist, dass die Parteien mehr am Machterhalt als am Wohl der Bürger interessiert sind und

die Bürger die Politiker nicht mehr für ehrlich halten, braucht man sich über eine tendenzielle *Abkehr der Wähler von der repräsentativen Demokratie* nicht zu wundern. Politiker und Parteien haben zu lange an alten Strukturen festgehalten und nicht schnell und sensibel genug auf die ökonomischen und sozialen Herausforderungen der Globalisierung reagiert. Da muss sich auch niemand wundern, wenn plötzlich Sand in ihr politisches Getriebe gerät und ihre propagierten Programme und Projekte wie ein Kartenhaus zusammenfallen.

Vertrauensschwund bedeutet auch Legitimationsschwund der Parteien. Neue Formen direkter Demokratie von Bürger-Referenden bis zu Online-Petitionen werden sich ausbreiten: Parteien verlieren dann an Macht und Einfluss und werden durch Netzparteien, Anti-Parteien oder freie Wählergruppen teilweise entmachtet.

Kommt eine *postdemokratische Entwicklung* auf uns zu? Angela Merkel musste auf einer Zukunftskonferenz in Berlin selbstkritisch eingestehen:»Mein Alptraum als Politikerin ist, dass es keine Institutionen, *keine Parteien und Parlamente mehr* gibt« (Merkel am 18. Mai 2009). In einem solchen Grenzfall würde die demokratische Gesellschaft ihre Struktur und Statik verlieren. Politiker müssen sich nicht wundern, denn die Bevölkerung wirft den Parteien immer mehr Machtgier vor. »Parteien sind mehr am Machterhalt als am Wohl der Bürger interessiert«, sagt die überwiegende Mehrheit der Bevölkerung (2012: 84 % – 2013: 86 %). Hier helfen offensichtlich nur noch spontane Volksentscheide.

Die Parteien werden Antworten auf die offenen Fragen der Bevölkerung geben müssen:

- Wie repräsentativ sind wir eigentlich noch?
- Welche Interessen vertreten wir wirklich?

- Und wie nah sind wir am Alltagsleben und den Bedürfnissen der Menschen?

Politiker und Parteien dürfen nicht länger in ihrer Parallelwelt verweilen. Sie müssen sich wieder mehr den Lebenswirklichkeiten der Menschen stellen, also Zukunft wagen und den Mut haben, auch unbequeme Wahrheiten auszusprechen.

Parteien und Parlamente müssen in ihren Zielsetzungen und Vorgehensweisen das machen und *widerspiegeln, was die Bürger wollen, was sie bewegt und was sie denken, wollen und tun.* Andernfalls werden die Bürger ihre demokratischen Rechte stärker wahrnehmen, in die politische Offensive gehen und *die Parteien in die zweite Linie zurückdrängen.*

Die Pioniere und Antriebskräfte dieses politischen Einstellungswandels der Bevölkerung sind durch drei Merkmale charakterisiert: *Jung, urban und gebildet* – auch eine Erklärung dafür, warum Bevölkerungsgruppen aus dem urbanen Umfeld zunehmend wahlentscheidend werden. Der aktuelle WohlstandsIndex NAWI-D des Ipsos-Instituts weist nach:

- Im Vergleich zu allen anderen Bevölkerungsgruppen ist die *junge Generation* derzeit am meisten darüber enttäuscht, nicht jederzeit ihre Meinung frei äußern zu können. Auch sorgt sie sich darüber, nicht immer in Frieden mit den Mitmenschen leben zu können.
- Die *urbane Bevölkerung* klagt vor allem darüber, nicht dort leben zu können, wo sie eigentlich leben möchte, vermisst die Nähe zur Natur und wünscht sich mehr soziale Kontakte und ein intensiveres Zusammensein mit Freunden.
- Die *gebildete Schicht* mit Abitur und Hochschulabschluss bekommt am meisten den Stress im Alltag zu spüren. Um sich wirklich wohl zu fühlen, müsste sie mehr Zeit für sich haben.

Ständig gefordert und gehetzt hat sie den Eindruck, in ihrem Leben nicht das machen zu können, was sie wirklich will.

Wer in Wirtschaft und Politik auf der Höhe der Zeit sein und das Lebensgefühl meinungsbildender Verbraucher- und Wählergruppierungen ansprechen will, muss

- die Generation der 14- bis 34-Jährigen,
- die Großstädter von Hamburg über Berlin bis München und
- die Info-Elite der Höhergebildeten

in ihrer Heterogenität erreichen und akzeptieren. Denn sie sind progressiv und konservativ zugleich, trendig und bürgerlich genauso wie avantgardistisch und spießig. Unkonventionell eben und nicht nur angepasst.

> Die Jungen, Urbanen und Gebildeten sind mit Geld allein nicht mehr zufriedenzustellen. Sie vermissen persönliche und soziale Lebensqualität, die sie nicht einfach kaufen können. Lebensqualität ist die Antwort auf die Frage, wofür es sich zu arbeiten und zu leben lohnt. Das ist der Maßstab für nachhaltigen Wohlstand, der nicht mit Prämien, Preisnachlässen oder Steuersenkungen erreichbar ist.

Dazu müssten die Politiker mehr wissen über das, was die Bürger bewegt. Das Problem: Politiker neigen dazu, Erkenntnisse der Sozialforschung zu negieren:

> Das Wissen von Wissenschaftlern und Experten wird von Politikern lediglich »als Argumentationshilfe gebraucht – aber nie umgesetzt, schon gar nicht eins zu eins«. Die Informationen werden als Einzelteile zu einem Brei »verhäckselt« – als Mittel zum Zweck und nicht als Navigationssystem (Schäuble in: DER SPIEGEL Nr. 39 vom 21. September 2013, S. 68).

Politiker neigen dazu, gegenüber der Politik-, Gesellschafts- und Zukunftswissenschaft *beratungsresistent* zu sein, was die Gesellschaft teuer zu stehen kommen kann. Als Kuratoriums- und Jurymitglied der EXPO 2000 hatte der Autor beispielsweise auf der Basis eigener repräsentativer Erhebungen die Verantwortlichen in Stadt, Land und Bund darauf aufmerksam gemacht, dass sie mit maximal 10 Millionen Besuchern ab 14 Jahren (Kinder und Ausländer noch nicht einbezogen) rechnen könnten, was real etwa 16 bis 19 Millionen Besuchern entsprechen würde. Die Politiker ließen sich nicht beirren und »rechneten« weiterhin mit 40 Millionen Besuchern – also mehr als doppelt so vielen. Tatsächlich sind nur 18 Millionen gekommen. Die betriebswirtschaftlichen Folgen waren fatal: Die Expo hinterließ dem Steuerzahler einen *Schuldenberg von mehr als einer Milliarde Euro*.

8. Bildungspolitik. Bundeseinheitliches Bildungssystem einführen

»Föderalismusreform« lautet seit Jahren das bildungspolitische Zauberwort, das die Schul- und Hochschulbeziehungen zwischen Bund und Ländern neu regeln soll. Denn: *Bildungspolitik ist bisher weitgehend Ländersache*. Wie lange muss und will die Bevölkerung noch auf die bildungspolitische Innovation warten? Eltern haben oft das Nachsehen – vor allem dann, wenn die wachsenden Anforderungen an berufliche Mobilität den Umzug in ein anderes Bundesland erforderlich machen. Jeder zweite Bundesbürger (50 %) erwartet von der Politik die Einführung eines bundeseinheitlichen Bildungssystems und fühlt sich benachteiligt, wenn ein Berufs- und Schulwechsel notwendig wird. Gefordert wird *eine bildungspolitische Föderalismusreform*.

Die bildungspolitische Landschaft in Deutschland gleicht derzeit einem *Flickenteppich*, unter dem Lehrer, Eltern und Schüler zu leiden haben: Niedersachsen schafft das »Turbo-Abitur« mit zwölf Schuljahren flächendeckend ab. Baden-Württemberg verkündet die »Wahlmöglichkeit« für einzelne Schulen. Und in anderen Bundesländern entscheiden »Runde Tische« über das Thüringen-/Sachsen-Modell mit nur zwölf Jahren bis zum Abitur. Land für Land fallen Bildungsreformen unterschiedlich aus.

Aus der Sicht der Bildungsforschung gilt der Bildungsföderalismus in Deutschland als »*organisierte Verantwortungslosigkeit*« (Baumert 2010, S. 40). Er produziert nur unwürdige Grabenkämpfe zwischen einzelnen Bundesländern und beschert den Schülern gravierende Schullaufbahnverzögerungen. Hinter der bisherigen Reformverweigerung steht offensichtlich auch die Angst der Politiker vor bundeseinheitlichen Leistungsmessungen, zumal mit zurückgehenden Schülerzahlen der Anteil von Schülern aus Zuwandererfamilien steigt, die eher in sozial schwachen Familien leben.

Auch für die Zukunft gilt: *Bildung ist beständig* – und ist Gold wert. Bildung lässt sich aber nicht nur in Geld messen, auch wenn die Organisation für wirtschaftliche Zusammenarbeit und Entwicklung (OECD) Bildung wie eine Ware aufrechnet: Wenn die Schüler ihre schulischen Leistungen um ein paar PISA-Punkte steigern, dann würde dies dem Land mehrere Milliarden Euro zusätzliches Wachstum bescheren ... Dies ist zu vordergründig gedacht. *Bildung ist* über ihren Geldwert hinaus *lebenswert und nachhaltig – ein Leben lang*.

Die Zukunft der Bildung liegt nicht im Netz, sondern im Mix von Persönlichkeitsentwicklung und Lust am lebenslangen Lernen bis ins hohe Alter.

Stéphane Hessel, der Mitverfasser der Charta der Menschenrechte (1948) und Autor der Kultschriften »Empört Euch!« (2010) und »Engagiert Euch!« (2011) brachte es auf den Punkt: »Wie können wir Einfluss ausüben auf die jungen Lehrer und sie dazu bringen, eine *Vision der Zukunft* zu haben.« Lehrer, Erzieher und Eltern müssen selbst Visionäre und Veränderer sein: Sie sollen heute schon eine Vorstellung von der Welt von morgen haben, in der die nächste Generation leben wird.

Erziehung. Bildung. Ausbildung. Für ein ressourcenarmes Land wie Deutschland stellen diese drei Faktoren auch in Zukunft unverzichtbare Voraussetzungen für Wachstum und Wohlstandsentwicklung dar. Investitionen in diese Bereiche zahlen sich doppelt aus: Sie machen Menschen und Gesellschaft zukunftsfähig. Und genauso wichtig wie die formale Qualifizierung in Schule und Beruf wird vor dem Hintergrund einer Gesellschaft des langen Lebens die *Förderung personaler Fähigkeiten* sein.

Sicher: Auf den ersten Blick bestechen die Daten des deutschen Bildungssystems: Das Bildungsniveau der Bevölkerung steigt, der Anteil der Schulabgänger ohne Abschluss sinkt – und es gibt immer mehr Abiturienten und Hochschulabsolventen. Doch zugleich verschärft sich die *Kluft zwischen bildungsnahen und bildungsfernen Bevölkerungsgruppen.* So bringt beispielsweise das Bildungssystem in Deutschland mehr Ungelernte hervor, als der Arbeitsmarkt in Zukunft verkraften kann.

Das Schul- und Bildungssystem in Deutschland erfüllt seine Bringschuld nicht: Es entlässt jeden fünften Schüler chancenlos. Mehr als je zuvor bestimmt in einem Land, das sich als *Bildungsrepublik und Wissensgesellschaft* verstehen will, der Bildungsabschluss den weiteren Lebenslauf: Wer ohne Schulabschluss und Berufsausbildung ins Leben geht, riskiert Arbeitslosigkeit – aber auch Scheidung, Krankheit und frühen Tod (vgl. Baumert 2010, S. 42), wie die Bildungsforschung nachweist. Der Zirkel ist vorprogrammiert: *Bessere (Aus-)Bildung = Längere Beschäftigung = Langes Leben.*

Die Bürger in Deutschland wollen nicht länger Opfer des föderalen Bildungssystems bleiben. Vorhandene Gremien des kooperativen Föderalismus wie die KMK und BLK reichen ihnen als Innovation nicht mehr aus.

9. Finanzpolitik.
Der Staat darf auch in Krisenzeiten nur so viel ausgeben, wie er einnimmt

In guten Zeiten Rücklagen für schlechte Zeiten bilden. Auf diese einfache Formel lassen sich die Forderungen der Bevölkerung nach einem ausgewogenen Verhältnis von Einnahmen und Ausgaben bringen. Fast jeder zweite Bundesbürger (49 %) mahnt *nachhaltiges Wirtschaften* an, damit die nächste Generation eine sichere Zukunft vor sich hat: »Der Staat darf nur so viel ausgeben, wie er auch einnimmt.« Das bedeutet: *Konjunkturell bedingte Mehreinnahmen (»auf Zeit«) dürfen nicht länger zur Finanzierung struktureller Mehrausgaben (»auf Dauer«) verwendet werden* (wie z. B. Mütterrente, Rente mit 63). Denn sobald die Konjunktur wieder schwächelt, müssen die Mehrausgaben durch neue Schulden finanziert werden.

Sicher durch unsichere Zeiten steuern: Das ist die Hauptforderung der Bevölkerung in Deutschland an die Politik. Wenn beispielsweise eine stabile wirtschaftliche Entwicklung den Sozialkassen unerwartet hohe Einnahmen beschert, dann soll dieser Geldsegen nach dem Willen der Bevölkerung ›*auf die hohe Kante gelegt*‹ und nicht gleich wieder ausgegeben werden. *Sicherheit durch Rücklagenbildung als Demografiereserve:* Nur das garantiert Stabilität auf Jahre hinaus und sichert das Rentenniveau.

Die Zeichen der Zeit sprechen eine ganz andere Sprache: Die Staatsschulden in Deutschland liegen konstant über der Zwei-Billionen-Grenze. Die Verbindlichkeiten von Bund, Ländern und Gemeinden summieren sich auf 2,044 Billionen Euro (Statistisches Bundesamt 2014). Die Steuereinnahmen sprudeln und trotzdem verzeichnet die öffentliche Hand seit 2012 stetige Verschuldungsrekorde. Wenn wir weiter wirtschaften wie bisher – droht dann das Finanz-Fiasko?

Und so könnte ein mögliches Krisenszenario 2020 aussehen: Angesichts der Wachstumsschwäche wird die Schuldenbremse »vorübergehend« außer Kraft gesetzt. Die Regierung beschließt eine »Haushaltsnovelle«, die das Defizit für das laufende Jahr problemlos wachsen lässt. So wird durch Neuverschuldung (Begründung: »Vorübergehender Charakter«) ein höheres Staatsdefizit möglich. Der Bevölkerung wird klar gemacht, dass man in schlechten Zeiten schlecht sparen könne. Gleichzeitig wird verschwiegen, dass man in guten Zeiten keine Rücklagen gebildet hat.

Die Bundesbürger vertrauen der Wahl-, Symbol- und Ankündigungspolitik immer weniger. Sie haben Angst um ihre Zukunft. *Schuldenabbau ist für die Bevölkerung wichtiger als Steuersenkung.* Sie wissen: Der größte Schuldenberg aller Zeiten droht; in einer solchen Situation würde kein »ehrbarer Kaufmann« weitere Schulden anhäufen. Wer sich an diese Grundregel (»So etwas tut man nicht«) nicht hält, verliert seine Vertrauenswürdigkeit.

Bisher wartet die Bevölkerung in Deutschland vergeblich auf eine *Nachhaltigkeitsrücklage für kommende Generationen:* In den »fetten Jahren« des Konjunkturaufschwungs müssen Reserven für die nachfolgenden »mageren Jahre« zurückgelegt werden. Mittelständler einschließlich Handwerker und Freiberufler leben es doch schon lange vor. Hier gilt der Grundsatz: Von jedem eingenommenen Euro können 50 Cent ausgegeben und müssen 50 Cent zurückgelegt werden. Dann kann man getrost in die Zukunft schauen.

Der Staat macht 2014 Überschüsse wie schon lange nicht mehr – und plant trotzdem Neuverschuldungen ein. Wenn er jetzt nicht spart – wann dann?

Aus der Sicht der Bevölkerung in Deutschland ist die amerikanische Devise »Deficits don't matter« (Schuldenmachen stört nicht) nicht länger haltbar. Erforderlich sind in Deutschland *Anti-Defizit-Programme und ausgeglichene Haushalte.* Es gibt zwar Ökonomen wie z. B. Carl Christian von Weizsäcker, der problemlos die Empfehlung ausgibt: *»Macht mehr Schulden!«* (Weizsäcker 2013, S. 65). Seine Begründung: Trotz »hoher Verbindlichkeiten« – über 2 Billionen Euro Schulden und über 4 Billionen Euro Ansprüche auf Renten- und Pensionszahlungen – ist Deutschland weit von einer Staatspleite entfernt. Solche Überlegungen gehen – stillschweigend – von der Tatsache aus, dass der *Wirtschaftsaufschwung anhält* und die Zinsen niedrig bleiben oder gar bei Null verharren.

Was aber passiert, wenn Deutschland bei der nächsten Rezession vom Schuldendienst erdrückt wird? Wer kauft dann noch Anleihen, die zur Finanzierung der Verbindlichkeiten erforderlich sind? Die Sicherheit und das Vertrauen in Wirtschaftskraft und Zahlungsfähigkeit des Landes würden verloren gehen – und massive Steuererhöhungen drohten.

Globale Krisen sind in Zukunft *in immer kürzeren Zeitabständen mit immer extremeren Folgen* zu erwarten. Dagegen werden die Finanz- und Wirtschaftskrisen der vergangenen Jahre wie kleine Dellen erscheinen. Umso dramatischer sind die ökonomischen und sozialen Folgen der angehäuften Schuldenberge einzuschätzen. Es ist vorhersehbar: Bei der nächsten großen Krise (Rezession, Naturkatastrophe u. a.) gilt plötzlich die Schuldenbremse nicht mehr. Stattdessen *macht der Staat Zusatzschulden,* die natürlich die nächsten Generationen begleichen sollen. Die Schulden werden »refinanziert« – also einfach weitergereicht. Wer denkt in Deutschland noch an die Fünfzigerjahre, als der Staat ganz selbstverständlich Rücklagen bildete und im sogenannten »Schäfferturm« (benannt nach dem damaligen Bundesfinanzminister Schäffer) regelrecht hortete?

Die Finanzpolitik in Deutschland verhält sich derzeit wie in vorindustriellen Zeiten. Sie lebt von der Hand in den Mund – ohne Vorratshaltung. Daraus folgt: Niemand wird in Deutschland eine staatliche Schuldenkrise für möglich halten – bis sie da ist.

Erinnerungen an George Orwells Roman »1984« kommen auf: Hier gab es eine Neusprache (»Neusprech«) und eine neue Begrifflichkeit (»Doppeldenk«). Dabei ging es um bewusste Sprachverdrehungen, indem ein Ministerium für Wahrheit in Wirklichkeit für Lügen zuständig war. Genauso reden mittlerweile die Finanzpolitiker heute, indem sie von »Sparen« reden, aber weniger zusätzliche Schulden meinen. Sie tun nur so, als würden sie sparen, obwohl sie sich weiter verschulden und damit schuldig machen.

Selbst die *Medien sprechen doppeldeutig.* Stolz wird seit Jahren darüber berichtet, dass Deutschland »früher als geplant einen ausgeglichenen Haushalt erreicht« und »schon dieses

102

Jahr das gesamtstaatliche Defizit vollständig abbauen kann«.
Drei Sätze später wird dann in dem gleichen Bericht doch eingeräumt:»Schäuble muss 2012 nur 25 Milliarden Euro neue
Schulden machen« (DER SPIEGEL Nr. 49 vom 3. Dezember
2012, S. 68). Die Schuldenpolitik wird als Glanzleistung und
Rekordmeldung verkauft:»Niedrigste Neuverschuldung seit
40 Jahren« (FAZ vom 13. März 2014, S. 1).

Es ist doch bekannt: Deutschland hat einen *Schuldenberg*,
der mit 80 % des Bruttoinlandsprodukts deutlich über der
Maastricht-Grenze (60 %) liegt. Gleichzeitig erreicht die Steu-
erquote, die die Relation staatlicher Steuereinnahmen zum
Bruttoinlandsprodukt anzeigt, mit 24 % einen historischen
Rekordwert.

Zwar hat Angela Merkel angekündigt, 2017 werde es keinem
Bürger schlechter gehen als heute und am Ende der Legislaturperiode werde es infolgedessen auch keine Neuverschuldung des Bundes mehr geben. Dem stehen allerdings die im
Koalitionsvertrag enthaltenen Leistungsversprechen für die
Zeit nach 2017 entgegen. Das beschlossene Rentenpaket wird
bis 2030 etwa 160 bis 200 Milliarden Euro kosten. Bereits im
Wahljahr 2017 werden die Reserven der Rentenkasse aufge-
braucht sein. Für die gesetzliche Rentenversicherung muss danach mehr ausgegeben werden, als an Einnahmen zu erwarten
ist. Mit den Haushaltsfehlbeträgen geht dann das Leben auf
Pump weiter ...

Was die Politik nicht im Blick hat: Wirtschaftsaufschwung und hohe
Steuereinnahmen währen nicht ewig. Was passiert zum Beispiel, wenn
die deutsche Automobilindustrie in die nächste Krise gerät und wie im
Krisenjahr 2010 die niedrigsten Verkaufszahlen seit der Jahrtausendwende meldet?

Nur zaghaft kündigt sich ein erstes Umdenken an: Das Bundesland Sachsen hat ein *Neuverschuldungsverbot* in die Landesverfassung aufgenommen. Und falls wirklich einmal ein Notfall eintritt, muss der Landtag diese Notsituation mit einer *Zweidrittelmehrheit* feststellen, um Ausnahmen genehmigen zu können. Ansonsten gibt es nur eine echte Alternative zum nachhaltigen Wirtschaften: Statt sich auf die Fürsorge des Staates zu verlassen, müssen die Bürger selbst für ihr Alter und ihre Zukunft vorsorgen.

10. Engagementförderung. Steuererleichterungen gewähren

Die Motivationsstrukturen ehrenamtlicher Arbeit haben sich grundlegend verändert. Ein *Wandel vom Ehrenamt zur Ehrensache* ist feststellbar: *Freiwilligenarbeit ist Identitätsarbeit* und schließt Lebensfreude und Lebenssinn zwangsläufig mit ein. Ohne Erlebnisorientierung und Sinnbezug ist kein »dauerhaftes« Engagement mehr zu erwarten. Letztlich geht es um die Antwort auf die ganz persönliche Frage: *Was bringt mir das?* »Dauerhaft« muss neu definiert werden. In einer Multioptions- und 24-Stunden-Gesellschaft stellt der *Mangel an Zeit* die größte Barriere für bürgerschaftliches Engagement dar. Vor allem für Jugendliche stellen sich Fragen wie z. B.:

* Kann ich mich auch nur zeitweilig bzw. phasenweise engagieren?
* Darf ich aufhören, wenn ich nicht mehr will oder keine Zeit mehr habe?
* Kann ich später jederzeit wieder einsteigen?

Bürgerbeteiligung funktioniert nur noch als *Kultur der Freiwilligkeit*. Pflichtethik und soziale Verpflichtung entfallen weitgehend. Statt Solidarität heißt es eher »egoistischer Altruismus« (Beck 2005, S. XV): Man engagiert sich für andere, wenn man für sich selbst einen Nutzen daraus ziehen kann.

Zugleich deutet sich eine Art *Rückkehr zu den Partizipationsidealen der Siebzigerjahre* an – allerdings anders motiviert:

- In den Siebzigerjahren wurde die Partizipation auf dem Höhepunkt der wirtschaftlichen Entwicklung als Aufforderung an satte Wohlstandsbürger verstanden, einen Teil des geschenkten Zeitwohlstands in das soziale System zu reinvestieren.

- Heute ist die Partizipationsdiskussion sehr viel existenzieller, vielleicht auch pessimistischer begründet – aus Sorge um die *Ausgrenzung sozialer Gruppen* und auch aus *Angst vor dem Zerfall der Gesellschaft.* Partizipation muss jetzt regelrecht von den Bürgern eingefordert werden, weil die soziale Infrastruktur als immer lückenhafter empfunden wird.

Soziales Engagement basiert auf einer ausgeglichenen Balance zwischen Individualinteressen und Gemeinschaftswerten. Der Bürger ist individueller Nutznießer und sozialer Mitgestalter zugleich. Die Schnittstellen zwischen beiden Interessenbereichen machen das Besondere der neuen Gemeinschaftskultur aus, in der vitale Eigeninteressen zur Antriebsfeder werden.

Wenn Eltern beispielsweise den Bau oder die Betreuung eines Spielplatzes übernehmen, damit »ihre« Kinder Spielmöglichkeiten haben (vgl. Esch u. a. 2001, S. 533), dann wird diese Vorgehensweise nicht als egoistische Motivation gebrandmarkt, sondern geradezu als *willkommenes Eigeninteresse* begrüßt. Eigene Interessen müssen nicht mehr »hinter vorgehaltener Hand« kaschiert werden. Eigeninteressen werden fast zur *Erfolgsgarantie für soziales Engagement.* Seit den Neunzigerjahren weisen sozialwissenschaftliche Studien (Wilkinson 1997; Keupp 2000) als Voraussetzungen für bürgerschaftliches Engagement nach:

- *Engagement muss sich lohnen*
  Neben dem Gemeinnutz darf der Eigennutz nicht zu kurz kommen.
- *Engagement muss Spaß machen*
  Spaß ist hierbei eine Chiffre für Motivation, Vertrauen und Lebensfreude mit teilweise spielerischen Elementen.
- *Engagement muss dem Ego guttun*
  Das Gebraucht- und Gefordertwerden soll das Selbstbewusstsein stärken helfen.
- *Engagement muss sichtbar sein*
  Das Engagement im Dienst einer guten Sache muss öffentlich gemacht werden – auch als Anerkennung für die eigene Leistung.

Das soziale Optimum ist eher eine pragmatische Solidarisierung nach dem Prinzip »do ut des«: Ich helfe dir, damit auch du mir hilfst. Es zeichnet sich ein pragmatischer Typus von Solidarität ab, der von Pflichtgefühl und Helferpathos wenig wissen will.

Aus der Not oder Notlage heraus geboren schließen sich Individuen zu einem sozialen Netzwerk zusammen – auf Abruf und jederzeit kündbar, wenn die Geschäftsgrundlage (= Notlage) entfällt. *Das Netzwerk wird zum Beistandspakt auf Zeit.* Der sich international ausbreitende Kommunitarismus (vor allem in den USA) ist eigentlich nichts anderes als ein *sozialer Egoismus.*

Vielleicht entwickelt sich Solidarität wieder zu dem, was sie ursprünglich in der europäischen Arbeiterbewegung des 19. Jahrhunderts einmal war: Zu einer *Erfahrung des Aufeinan-*

der-Angewiesenseins, bei der sich Eigen- und Gemeinnutz miteinander verbinden und weniger eine Frage von Pflicht und Moral, Fürsorge und Nächstenliebe sind (vgl. BUND/Misereor 1996, S. 278).

> Wer sich heute für gemeinnützige Arbeiten engagiert, will sich nicht ausgenutzt oder ausgebeutet fühlen. Eine aktivierende Kommunalpolitik muss Anreize schaffen, die dem Geldwert der Arbeit relativ nahe kommen oder ihn vergessen machen.

Überraschenderweise haben »Ehrungen« als Anreiz für soziales Engagement keine besondere Bedeutung mehr. Um ein Vielfaches höher – gerade in wirtschaftlich schwierigen Zeiten – sind *Entschädigungen und Vergünstigungen materieller Art:* von der Fahrkostenerstattung und Aufwandsentschädigung bis zu möglichen Steuererleichterungen. Mehr als vier von zehn befragten Bundesbürgern (43 %) sind der Auffassung: Für gemeinnützige Tätigkeiten und soziale Engagements soll es einen »*Anspruch auf Steuererleichterungen und Aufwandsentschädigungen*« geben. Dafür machen sich vor allem die Frauen stark, die sich ohnehin mehr als Männer sozial engagieren – insbesondere in der nachelterlichen Lebensphase. Jede zweite Frau (50 %) im Alter von 50 bis 54 Jahren erwartet auch materielle Entschädigungen für ihr freiwilliges Engagement – und will sich *nicht* länger nur *selbstlos opfern*.

> Im Bewusstsein der Bevölkerung ist das soziale Engagement für die Gemeinschaft ein Bestandteil des Brutto»sozial«produkts der Gesellschaft geworden. Gemeinnützige Arbeiten »bringen« kein Geld – aber geldwerte Vorteile und Entschädigungen sollte es schon geben.

In wirtschaftlich schwierigen Zeiten ist die Bürgergesellschaft *keine Idealistengesellschaft* mehr, die als Reparaturwerkstätte für Defizite der Sozialpolitik herhalten soll.

11. Steuerpolitik.
Die kalte Progression abschaffen

Das Sparbuch gibt keine Sicherheit, und Immobilien sind keine stabilen Wertanlagen mehr. Aktienkurse fahren Achterbahn, und Gold verliert an Glanz. In der Bevölkerung wächst die *Sorge vor einer schleichenden bzw. kalten Enteignung*. Die Deutschen sind Realisten: Wenn es beispielsweise nur 0,5 % Zinsen für Sparguthaben gibt, aber die Inflationsrate bei 1,0 % liegt, drohen Vermögensverluste. Diese Angst wird noch verstärkt durch die aktuelle gesellschaftspolitische Diskussion, die ihre Spuren hinterlässt. Fast vier von zehn befragten Bundesbürgern (38 %) fordern die *Abschaffung der kalten Progression*, bei der das Nettoeinkommen trotz Gehaltserhöhung sinkt. Familien mit Kindern fühlen sich von dieser *schleichenden Steuerlast* besonders betroffen (46 %) und empfinden sie als große Ungerechtigkeit.

In der Steuerpolitik spricht man von kalter Progression, wenn Arbeitnehmer auf ein steigendes Nominaleinkommen selbst dann einen *hohen Steuersatz* zahlen, wenn der Einkommenszuwachs nur die *Inflation ausgleicht* – also das Einkommen preisbereinigt gar nicht wächst. Ein Ziel der Politik muss es sein, die kalte Progression zu entschärfen und für mehr Gerechtigkeit zu sorgen. Andernfalls verdienen viele Arbeitnehmer nur noch auf dem Papier mehr – und haben am Monatsende eher weniger, weil die Einkommenserhöhung zwar den Kaufkraftverlust durch Inflation ausgleicht, gleichzeitig aber die Steuerlast überproportional wächst und der Staat heimlich ins Portemonnaie greift. Die Bundesregierung ist jedoch der Meinung, für den Abbau der kalten Progression gebe es »derzeit keine Spielräume, sich des Themas anzunehmen« (Steffen Seibert am 23. April 2014) – trotz rasant steigender Steuereinnahmen. Die schleichende Enteignung gesellschaftlicher Leistungsträger kann ruhig weitergehen ...

Nach Angaben der Bundesvereinigung der Deutschen Arbeitgeberverbände werden Bürger und Unternehmen durch die umstrittene kalte Progression jährlich um etwa drei Milliarden Euro zusätzlich belastet. Das Steuerrecht muss entsprechend geändert werden, wenn der steigende (»progressive«) Verlauf des Steuertarifs verhindert werden soll. Für den Deutschen Gewerkschaftsbund ist die Beseitigung der kalten Progression auch ein wirksamer Beitrag, die Kluft zwischen Arm und Reich zu schließen und die soziale Ungerechtigkeit aufzuheben, von der ein wachsender Anteil der Arbeitnehmer betroffen ist.

12. Zukunftsvorsorge.
An die nächste Generation denken

Winston Churchill hat einmal gesagt: Politiker denken an die nächste Wahl, Staatsmänner an die nächste Generation. »Wir brauchen mehr Staatsmänner«, lautete seine Empfehlung. Diese Forderung ist heute noch aktuell. Die überwiegende Mehrheit der Bevölkerung in Deutschland ist davon überzeugt, dass die Politiker mehr an die nächste Wahl als an die nächste Generation denken. »Demografiecheck« und »Gesetzesfolgenabschätzung« sind weitgehend Fremdwörter für sie. Statt über eine neue Kultur des längeren Arbeitens zur Zukunftssicherung der nächsten Generation nachzudenken, werden – zutiefst generationenungerecht – die finanziellen Folgekosten (z. B. des »Rentenpakets«) einfach den künftigen Generationen aufgebürdet.

»Deutschlands Zukunft gestalten«, lautet der programmatische Titel des Koalitionsvertrags der Großen Koalition. Die

Bürger und Wähler in Deutschland nehmen die Politiker und Parteien beim Wort:

Vier von zehn Bundesbürgern (42 %) sowie eine deutliche Mehrheit der Jugendlichen (54 %) im Alter von 14 bis 17 Jahren fordern die Politik auf, »Deutschlands Zukunft wirklich zu gestalten« und »mehr an die nächste Generation als an die nächste Wahl zu denken«.

Nur die Rentnergeneration im Alter von über 65 Jahren denkt mehr an sich selbst. Sie meint: Die Politik sollte sich vorrangig um neue Beschäftigungschancen für ältere Arbeitnehmer (87 %) kümmern – und weniger die nächste Generation im Blick haben (39 %). Hier deutet sich ein *massiver Generationenkonflikt* an, wenn Politiker und Parteien dies wörtlich nehmen. Die Älteren stellen schließlich die größte Wählerschicht dar und die Jugendlichen repräsentieren nur mehr eine Minderheit.

Andererseits: Politik und Wirtschaft müssen generationengerecht handeln und die Weichen für die Zukunft stellen, wenn sie den *Hoffnungsträger Jugend* auf ihrer Seite haben wollen. Die junge Generation von heute wird in zwanzig Jahren »die« leistungsfähige Generation der Mittdreißiger bis Mittfünfziger sein. Sie hat heute schon ganz klare Vorstellungen darüber, in welcher Gesellschaft sie dann leben will.

Die junge Generation wünscht sich ein Leben in der Balance von materiellem und sozialem Wohlstand. Ihr Blick in die Zukunft beweist Realitätssinn: Aus einer »Ich-will-alles«-Generation, die in den Siebziger- bis Neunzigerjahren fast nur ihr Leben genießen und von multioptionalen Angeboten und Möglichkeiten träumen wollte, ist eine ebenso realitätsnahe wie zukunftsoffene Generation geworden. Sie will in ihrem Leben etwas leisten und Freude am Leben haben, ist aber auch bereit, anderen Menschen zu helfen.

Die junge Generation erhofft sich im Gegenzug aber auch einen *Sozialstaat*, der sie vor Not, Armut und Arbeitslosigkeit schützt. Materiellen Wohlstand soll es für sie auch weiterhin geben, aber gerecht auf alle verteilt. Die Jugend strebt eine *Generationengesellschaft als Leitbild* an, in der Alt und Jung konfliktlos miteinander leben und sich gegenseitig stützen und unterstützen. Es zeichnet sich das Bild einer jungen Generation ab, die um ihre Stärke weiß: *Wir sind gefragt!* Die Mehrheit der Jugendlichen lebt zwischen hoher persönlicher Zuversicht und erklärter starker Leistungsmotivation. Sie schätzt die Folgen von Finanz- und Wirtschaftskrisen realistisch ein – und ist dennoch »mit ihrer Lage zufrieden« (Hurrelmann 2011, S. 30).

Keine andere Generation sieht ihrer persönlichen Zukunft mit so viel Hoffnung entgegen wie die Jugend. Sie glaubt an die Zukunft, auch wenn die Zeichen der Zeit im Hinblick auf Wirtschaft, Umwelt und Soziales in eine ganz andere Richtung weisen. Die Jugend nimmt für sich in Anspruch: »Wir sind die Zukunft!« Für Ältere mögen Zukunftshoffnungen aufhören, für Jugendliche fangen sie erst an. Die Hoffnung kann ihnen Flügel für das Leben verleihen und bei Zukunftsproblemen zum Fallschirm werden.

Die nächste Generation wartet nicht. Die ehemalige »Generation X« ist in die Jahre gekommen: »Man wird so schnell alt! Die Zeit rast nur so dahin«, schrieb der kanadische Kultschriftsteller Douglas Coupland 1991 in seinem Roman »Generation X«. Coupland hatte damals die in den Sechziger- und Siebzigerjahren Geborenen im Blick, die *Nach-Babyboomer*. Etwa zwei Drittel von ihnen waren der Meinung, dass es für ihre Generation viel schwieriger geworden sei, ebenso angenehm zu leben wie vorausgegangene Generationen. Sie waren übersättigt – die meisten hatten nur mehr »zwei oder drei wahrhafte interessante Momente im Leben«. Der Rest war Füllmenge.

Auf dem Höhepunkt der Wohlstandsentwicklung gaben sie sich als Minimalisten und Anhänger einer neuen Lebensstiltaktik. Gereizt und gelangweilt vom Wohlstandskonsum erklärten sie das Nichtbesitzen von materiellen Gütern zum Statussymbol und zählten sich selbst zum *Armut-Jetset* als Zeichen von moralischer und intellektueller Überlegenheit. Das war Zynismus pur. Denn die Generation X fühlte sich in Wirklichkeit vom wirtschaftlichen Geschehen und gesellschaftlichen Leben weitgehend *»eXcluded«*, also ausgeschlossen und ausgegrenzt.

Aus der ehemals wunschlos unglücklichen Generation X ist eine Generation Z mit starkem Zukunftsbezug geworden, die in einer ausgeglichenen Balance von Leistungs-, Genuss- und Sozialorientierung lebt.

Wenn die *Generation Z* an die Zukunft denkt, nennt sie zuallererst *Fortschritt* – und zuallerletzt *Reformen*. Dies kann nicht weiter überraschen. Denn sogenannte Reformen sind für die junge Generation Alltag geworden und haben ihren *Innovationscharakter* weitgehend verloren. Die »Rente mit 63« und der »Mindestlohn« für Geringverdiener tragen das Etikett »Reform«, verdienen aber ihren Namen nicht. Aus der Sicht der nächsten Generation fehlen neue, zündende Ideen, die die Lebensverhältnisse der Menschen in Deutschland grundlegend verbessern und *Wohlergehen für alle* möglich machen.

II. Zukunftshoffnungen.
Optionen der Bevölkerung

1. Familie als wichtigster Lebensinhalt.
Der größte Reichtum des Landes

Das Plädoyer der Bevölkerung ist eindeutig: »Was auch immer auf uns zukommt: Für mich ist und bleibt die *Familie das Wichtigste im Leben*«, sagen 88 % der Bundesbürger – die Frauen mehr (91 %) als die Männer (86 %). Die höchste Bedeutung messen die Ostdeutschen (94 % – Westdeutsche: 87 %) der Familie bei.

In Krisenzeiten besinnen sich die Deutschen auf das, was ihnen Grundgeborgenheit im Leben gewährt und zum persönlichen und sozialen Wohlergehen beiträgt: das Zusammensein mit Freunden und Familie als nachhaltige Wohlstandsqualität – vor allem dann, wenn Arbeit und Einkommen nicht mehr sicher sind.

Nach der subjektiven Einschätzung der Bundesbürger stellt die Familie derzeit den wichtigsten *Wohlstandsfaktor im Leben* dar. Die überwiegende Mehrheit der Deutschen hält die Familie für das bestimmendste Merkmal ihrer Wohlstandswirklichkeit. Wer gute Kontakte zur eigenen Familie hat und pflegt, *fühlt sich wohlhabender* (66 %) als der, der »nur« über Eigentum verfügt (47 %). Sozialer Wohlstand kann materielle Wohlstandsdefizite abfedern und ausgleichen helfen.

Dafür spricht auch, dass die Familie mittlerweile »*der wichtigste Pflegedienst*« (Gesundheitsminister Hermann Gröhe im April 2014) in Deutschland ist: »*Deutschlands Pflegedienst Nummer eins*« steht in der Förderung gesundheitspolitischer Maßnahmen an oberster Stelle. Die Unterstützung für pflegende Familienangehörige soll den drohenden Pflegenotstand verhindern, der schon heute mit 2,5 Millionen Pflegedienstkräften an seine professionellen und finanziellen Grenzen stößt.

SO WOLLEN WIR LEBEN!
Zukunftshoffnungen der Deutschen

Die Deutschen setzen ihre persönlichen Hoffnungen auf:

88 % **Familie als wichtigster Lebensinhalt**
„Was auch immer auf uns zukommt: Für mich ist und bleibt die Familie das Wichtigste im Leben."

86 % **Mehr Wir-Gefühl als Ego-Kult**
„Für Egoismus ist in unserer Gesellschaft weniger Platz. Wir müssen mehr zusammenhalten."

84 % **Freundschaft zwischen den Generationen**
„Der Generationenzusammenhalt von Enkeln, Kindern, Eltern und Großeltern wird immer wichtiger."

84 % **Gemeinschaft auf Gegenseitigkeit**
„Wer staatliche Sozialleistungen in Anspruch nimmt, sollte auch ein Mindestmaß an Gegenleistung für die Gesellschaft erbringen und gemeinnützige Aufgaben übernehmen."

81 % **Zukunftsoptimismus als Lebenskonzept**
„Bei mir überwiegt die positive Einstellung zum Leben. Ich blicke optimistisch in die Zukunft."

76 % **Vertrauen als sozialer Kitt**
„Vertrauen, Verantwortung und Verlässlichkeit zwischen den Menschen halten unsere Gesellschaft in Zukunft zusammen."

76 % **Honorierung gemeinnütziger Tätigkeiten**
„Freiwillige ehrenamtliche und gemeinnützige Tätigkeiten sollten in Zukunft durch Aufwandsentschädigungen und Steuererleichterungen gefördert und honoriert werden."

75 % **Soziale Konvois als Wegbegleiter**
„Ich stehe heute schon Verwandten, Freunden und Nachbarn öfter für Hilfeleistungen zur Verfügung."

73 % **Eltern als Doppelverdienerfamilie**
„Damit Eltern einer beruflichen Tätigkeit nachgehen und für ihr Einkommen selber sorgen können, sollte die Kinderbetreuung in Kindergärten und Kindertagesstätten grundsätzlich kostenlos sein."

73 % **Mehr Hilfe- als Dienstleistungsgesellschaft**
„Kommerzielle Dienst- und Hilfeleistungen können sich immer weniger leisten. Wir brauchen mehr Tausch- und Helferbörsen in der Nachbarschaft, bei denen sich Jung und Alt gegenseitig unterstützen und helfen können."

Basis: Repräsentativbefragung des Ipsos-Instituts bei 1.000 Personen ab 14 Jahren 2014 in Deutschland

So können beispielsweise 80 % der Thüringer von sich sagen: »Ich habe gute Kontakte zur Familie.« Sie sind Spitzenreiter in Deutschland, was die Einschätzung ihrer Familie als realen Wohlstandsfaktor (=»Trifft für mich zu«) betrifft – bevor die Bayern und Saarländer mit Abstand (je 75 %) folgen. Am Ende rangieren die Bewohner in Sachsen-Anhalt (57 %). Das familiäre Wohlergehen bekommt man nicht geschenkt.

> Die Kontakte und Beziehungen müssen gepflegt, mitunter auch erarbeitet werden. Dafür aber schützt die Familie vor vielen Armutsrisiken des Lebens und ist so wertvoll wie die Geldanlage. Neben dem Beziehungsreichtum trägt die Familie auch materiell zur Gewinnmaximierung des Lebens bei.

Der Nationale WohlstandsIndex von Ipsos weist 2014 nach, wie sich die Deutschen in unsicheren Zeiten selbst zu helfen wissen: *Sie entdecken den Wert der Familie als Wohlstandsfaktor wieder.* In den vergangenen Finanz- und Wirtschaftskrisen haben sie die Erfahrung gemacht: Am sichersten ist es, sich selbst – und der Familie zu vertrauen. Die Familie überlebt alle Krisen. In der Familie »fühlt« man sich sicher. Sie ist die beste Lebensversicherung und – im positiven Sinne – billig und barmherzig: ein sicherer Hafen. Ehe, Kinder und Familie sind wieder in. Die Familie gilt nicht länger nur als Auslaufmodell des 20. Jahrhunderts. Kommt der »zweite« demografische Wandel in naher Zukunft? Gehen Deutschland bald nicht mehr die Kinder aus?

> Es verstärkt sich die Suche nach Halt, Heim und Heimat. Die Familie – in welcher Lebensform auch immer – garantiert Ansehen und soziale Sicherheit, was kein Prestigeberuf und auch kein Sozialstaat bieten können.

Zugleich verändert sich das Familienverständnis: Es geht nicht nur um eigene Kinder. In Skandinavien wird beispielsweise immer öfter erst dann geheiratet, wenn die Kinder aus dem Haus sind – als Zeichen dafür, dass man *im Alter füreinander Verantwortung übernehmen* will. Und selbst, wenn die Ehe scheitern sollte, tritt jeder zweite Geschiedene auch in Deutschland wieder vor den Traualtar (Siems 2010, S. 4), um Sicherheit zu haben – emotional und materiell.

Es wächst die Sehnsucht nach Stabilität und Sicherheit, Geborgenheit und Zusammengehörigkeit. Die Bundesbürger zeigen wieder mehr Mut zu dauerhaften Bindungen. Und weil mittlerweile *Verlässlichkeit mehr zählt als Freiheit* und *Liebe höher bewertet wird als Loyalität,* wird die Familie wieder als das Wichtigste im Leben angesehen. Auf sie ist auch in Notzeiten Verlass, weil Beständigkeit – und nicht Beliebigkeit – Zusammenhalt garantiert.

> Vertraut und verlässlich in jeder Lebenssituation: Das ist die Familie im 21. Jahrhundert. Die Bundesbürger »schwören« geradezu auf sie. Auch die junge Generation der 14- bis 34-Jährigen stimmt mit 80 % Zustimmung auf das Hohelied der Familie ein.

Lediglich zwischen den Geschlechtern deuten sich einige Meinungsunterschiede an: Im Vergleich zu den Frauen (91 %) ist die Begeisterung für die Familie bei den Männern (86 %) etwas gemäßigter, bleibt aber auch bei ihnen das Wichtigste im Leben. Singles äußern sich deutlich zurückhaltender (78 %) im Vergleich etwa zu Familien mit Kindern (94 %), deren Einschätzung kaum noch zu steigern ist. Klar: Singles müssen – zumindest übergangsweise – ihr Lebenskonzept erst einmal verteidigen, wenn oder weil sie keine eigene Familie haben.

> Familienleben ist zum Synonym für erfülltes Leben geworden. Die Familie ist das Leitbild des Lebens.

Noch 2007 forderte Jutta Allmendinger, die Präsidentin des Wissenschaftszentrums Berlin für Sozialforschung, die Politik auf, sie müsse sich zunehmend am »Normalfall Alleinerziehende« ausrichten. Die Begründung: Für junge Frauen stünde Partnerschaft »nicht mehr hoch im Kurs«. Sie empfänden Männer »nur als Klotz am Bein«, wollten in erster Linie Geld verdienen und »vielleicht auch mal Kinder haben«. Männer spielten in diesem Lebensplan jedenfalls »nur eine Nebenrolle« (Allmendinger 2007). Nein – das sind *Lebenskonzepte von gestern*, die sich überlebt haben.

Schon ein Jahr zuvor hatte die bundesweit repräsentative 15. Shell Jugendstudie den Wertewandel registriert: Die Familie sei wieder »eine unverrückbare Größe« in den Lebensvorstellungen der jungen Generation – und das über alle sozialen Gruppen hinweg. Man müsse jetzt und in der nächsten Zukunft keine »Sorge vor dem Verfall« der Familie mehr haben (Shell 2006, S. 49 ff.). Die Renaissance der Familie hält an, auch wenn die *Realität zerrütteter Familien* manchmal ganz anders aussieht.

Im gesellschaftlichen Verständnis von Familie ist es weitgehend ohne Belang, ob es sich dabei um Ehepaare oder nicht eheliche Lebensgemeinschaften mit gemeinsamen Kindern handelt.

Familienforschung und Familienpolitik verstehen unter Familie das Zusammenleben und/oder das getrennte Leben von Eltern mit kleinen, heranwachsenden und erwachsenen Kindern und von Erwachsenen mit ihren älteren und hochbetagten Eltern bzw. Enkelkindern mit ihren Großeltern. Hierbei handelt es sich um ein weitgefasstes Familienverständnis, bei dem die Familie *über Kindheit und Jugend hinaus* als soziale Gemeinschaft gilt.

Die Familie ist der Verursacher des demografischen Wandels,
also kann sie in Zukunft auch ihr Veränderer sein. Der enge
(traditionelle) Familienbegriff – noch in den Neunzigerjahren
verstanden »als alle in einer *Haushaltsgemeinschaft von Eltern*
mit ihren Kindern lebenden Menschen« (Enquete-Kommission 1998, S. 492) – ist überholt. Die Verengung auf den Begriff
der Haushaltsgemeinschaft verstellt den Blick auf die vielfältigen Kontakte und Beziehungen der Familienmitglieder im sozialen Umfeld.

> Familienbeziehungen können nicht mehr auf eine Art Übergangspha-
> se reduziert werden, die mit dem Auszug der Kinder aus dem gemein-
> samen Haushalt beendet ist. In Wirklichkeit beginnt doch erst dann
> ein differenziertes Beziehungsnetz von regelmäßigen Kontakten und
> Besuchen sowie gegenseitiger Unterstützung und Hilfe.

Das familiale Netzwerk wird aus gelebten sozialen Beziehungen geknüpft – als Dreigenerationenfamilie. Die *vertikalen*
Familienbeziehungen sind lange Zeit in der Forschung unterschätzt und erst Mitte der Neunzigerjahre als *neue Generati-*
onensolidarität (Bertram 1996, S. 250) in den Blickpunkt von
Familienpolitik und -forschung gerückt worden. Der Gedanke
des gemeinsamen Haushaltes steht heute nicht mehr im Zentrum der Betrachtung. Die Haushaltsstatistik verliert an Bedeutung, die Beziehungen zwischen den Generationen auch über
größere räumliche Entfernungen hinweg werden wichtiger –
für die Familienforschung, die Generationenforschung und die
Netzwerkforschung.

Unbestritten ist: Es wird nicht nur immer später, sondern
auch immer seltener geheiratet. Infolgedessen hat sich allein in
den Siebziger- bis Neunzigerjahren der Anteil *nichtehelicher*
Haushaltsgemeinschaften mehr als verachtfacht. Andererseits
ist feststellbar:

> Noch niemals in der Geschichte der Menschheit währten Ehen so lange wie heute. Die höhere Lebenserwartung lässt Mann und Frau nicht mehr nur zwanzig bis dreißig Jahre zusammenleben (bis dass der Tod sie scheidet), sondern vierzig, fünfzig oder mehr Jahre. Die Zweisamkeit wird auf eine immer härtere Probe gestellt.

Trotz vielfältiger sozialer Neuerungen und Beziehungen bleibt *die Familie das Grundmodell für gelebten Gemeinsinn* bzw. der »Hauptgarant für die Zukunftsfähigkeit eines Gemeinwesens« (Schmidt 2003, S. 5). Sie wird auch weiterhin die dominierende soziale Umgebung für heranwachsende Kinder sein. Schließlich leben fast drei Viertel der unter 25-jährigen Männer (72 % – Frauen: 57 %) noch immer im Elternhaus. Und weil die Ausbildungszeiten eher länger dauern, wird sich auch der Auszug der (erwachsenen) Kinder aus dem Elternhaus weiter verzögern.

Für das 21. Jahrhundert war von Zeitgeistanalysten und Trendforschern eigentlich ein »Neunomadentum« (Guggenberger 1997, S. 9 f.) vorausgesagt worden – eine neue Ortlosigkeit zwischen Überall und Nirgendwo, in der die Menschen durch ihr Leben driften und zappen wie bisher durch die Fernsehkanäle. In Wirklichkeit *praktizieren die Menschen Familiennähe, wo und wie sie nur können:* Für gut ein Drittel der Bevölkerung sind die *Eltern in wenigen Minuten erreichbar,* weil sie entweder im selben Haus bzw. Haushalt oder am gleichen Ort wohnen. Dies trifft insbesondere für Bewohner auf dem Land zu, die auf eine höhere »In-wenigen-Minuten-Erreichbarkeit« verweisen können als Großstädter.

Bemerkenswert ist ebenso die Tatsache, dass deutlich mehr Männer als Frauen ihre Eltern in erreichbarer Nähe haben. Etwa jeder vierte Ältere über 50 Jahre wohnt im gleichen Haus bzw. mit mindestens einem der Kinder unter einem Dach. Die

Alternsforschung spricht in diesem Zusammenhang von einer »Beinahe-Koresidenz« (Kohli 2000, S. 186). Gemeint ist das Zusammenwohnen im gleichen Haus, aber in getrennten Haushalten. Bei Hilfebedürftigkeit kann die Familie schnell zur Stelle sein.

Das familiäre Beziehungsnetz lebt – auch unabhängig von der räumlichen Entfernung. Das *Telefonnetz* bildet dabei die wichtigste Kontaktbrücke: Nur 6 % der Bevölkerung telefonieren »nie« mit ihren Kindern, Eltern, Großeltern oder Enkeln. Zu den Befragten ohne jeglichen familiären Telefonkontakt zählen deutlich mehr Singles als etwa Familien mit Kindern. In besonderer Weise sind davon auch die Hochaltrigen über 80 Jahre betroffen, vor allem die Frauen, die aufgrund ihrer hohen Lebenserwartung viele Familienmitglieder überleben.

Ansonsten steht das Telefon in den Familien selten still: Zwei Drittel der Bevölkerung telefonieren mehrmals im Monat oder in der Woche mit ihrer Familie. Den intensiveren telefonischen Kontakt in der Woche pflegen die Frauen. Insbesondere die 50plus-Generation legt auf regelmäßige Telefongespräche während der Woche großen Wert. *Das Telefon wird zur Nabelschnur nach draußen und lässt die Familienbeziehungen nicht abreißen.* Über den fernmündlichen Kontakt hinaus sorgen regelmäßige *Besuche* für eine Intensivierung der Familienbeziehungen. Mehr als drei Viertel der Bevölkerung wissen von solchen Familienbesuchen zu berichten.

Größere Unterschiede sind zwischen Stadt- und Landbevölkerung feststellbar. Der Anteil der wöchentlichen Familienbesucher ist auf dem Lande fast doppelt so hoch wie in der Großstadt. Dies alles deutet auf enge Familienbeziehungen hin, auch wenn Eltern und erwachsene Kinder nicht mehr im selben Haushalt leben. Sie fühlen sich dennoch »eng miteinander verbunden«. *Generationenbeziehungen sind auch Generationengemeinsamkeiten.*

> Sorgen sind ein wichtiger Bestandteil aktiv gelebter Beziehungen zwischen den Generationen. Die Generationensorge löst solidarisches Handeln aus: Helfen-Können geht mit positiven Gefühlen einher. Andererseits belasten solche Sorgen auch (z. B. bei schwerer Krankheit).

Jeder dritte Bundesbürger macht sich derzeit *große Sorgen* um Familienmitglieder, Freunde, Nachbarn und Kollegen. Großen *Kummer* bereiten die eigenen Kinder, die Eltern, die Großeltern sowie die Enkel. Dabei bleiben die Sorgen nicht auf die Familie beschränkt. Auch Freunde, Kollegen und Nachbarn geben Anlass zur Sorge. Von einer »kühlen Gesellschaft« (Szczesny-Friedmann 1991), deren zwischenmenschliche Beziehungen fast nur Probleme bereiten und die nicht in der Lage ist, Nähe zu den Mitmenschen zu schaffen und tragfähige Bindungen aufzubauen, kann sicher nicht die Rede sein. Die zum Ausdruck gebrachte Sorge um andere sagt viel über den sozialen Zusammenhalt aus und deutet gerade nicht auf schwache Beziehungen und Bindungen hin. Das Gefühl der Sorge lässt eher auf positive Erfahrungen von Nähe, menschlicher Wärme und Anteilnahme schließen.

Vor dem Hintergrund stetig wachsender Lebenserwartung suchen sich die Menschen einen neuen Lebenssinn auch jenseits von Erwerbsarbeit und Geldverdienen. Sie schaffen sich selbst Herausforderungen, in denen sie Leistungen im Leben erbringen und Erfolgserlebnisse haben können: *Familienarbeit heißt die alternative Beschäftigungsmöglichkeit,* die Sinn hat und Spaß macht. Viele werden aktiv – auch ohne Bezahlung. Denn: *Nach der Erwerbsarbeit ist die Lebensarbeit nicht zu Ende.* Arbeit wird neu definiert: Erwerbsarbeit bringt Geld, Familienarbeit spart Geld. Genau genommen »bringt« die Familie auch Geld.

Das Statistische Bundesamt weist nach, dass die wichtigste Einkommensquelle der Deutschen – neben dem Arbeitseinkommen – nicht die Rente oder Pension, sondern die Familie ist.

Die Familie erbringt eine *doppelte Vorsorgeleistung* – eine Kapitalvorsorge und eine Sozialvorsorge. Wenn das Grundgesetz in Artikel 6 die Familie unter den besonderen Schutz des Staates stellt, so findet dies in der doppelten Vorsorgeleistung der Familie seine Begründung. Versicherungsgesellschaften können das nicht leisten und Freundeskreise wollen das in der Regel auch nicht.

So gesehen erweist sich die Familienförderung als die *beste Zukunftsvorsorge* der Gesellschaft. Während sich die Gesetzliche Rente mehr zu einer Art Zusatzversicherung zurückentwickelt, nimmt die *Familie als verlässliche Vollversicherung* ihren Platz ein. In der Bewertung von Familienarbeit und Kindererziehung hingegen sehen die Bewertungen zwischen Frauen und Männern ganz anders aus: Während die meisten Frauen diese Tätigkeiten als besondere Leistungen im Leben würdigen, sind dazu deutlich weniger Männer bereit. Männer können sich nach wie vor mit Familienarbeit und Kindererziehung weniger identifizieren, weil sie glauben, dass man(n) in der Erwerbsarbeit mehr anerkannte Leistungen vollbringen kann als in der Familienarbeit zu Hause.

Mit der aktuellen familienpolitischen Diskussion um eine bessere Vereinbarkeit von Beruf und Familie bekommt die Erwerbsarbeit Konkurrenz. Damit wird das Grundsatzurteil des Bundesverfassungsgerichts vom 28. Februar 2002 bestätigt: Kindererziehung und Berufsarbeit sind gleichwertig. Kindererziehung und Haushaltsführung stehen gleichwertig neben der Beschaffung des Einkommens.

Beide haben infolgedessen »Anspruch auf gleiche Teilhabe am gemeinsam Erwirtschafteten«. In der Leistungsgesellschaft des 21. Jahrhunderts haben bezahlte und unbezahlte Arbeiten den gleichen Wert – und die Familie steht gleichwertig neben dem Beruf. Künftige Diskussionen um die Vereinbarkeit von Familie und Beruf bekommen eine neue Qualität: Zwei gleichwertige Partner stehen sich gegenüber, die beide voneinander profitieren. Der Beruf sorgt für ökonomische Sicherheit, die Familie für *soziale Geborgenheit*.

Karrieren sind bisher weitgehend Männerkarrieren gewesen. Mit der wachsenden Erwerbstätigkeit der Frauen muss der Karrierebegriff neu definiert werden. Karrieren können in Zukunft nicht mehr nur eindeutig als »Laufbahnen« verstanden werden, die man möglichst schnell durchläuft – vergleichbar dem Fachbegriff »Karriere« im Pferdesport, der »die schnellste Gangart« beschreibt. Das männlich geprägte Bild vom schnellen Erklimmen der Karriereleiter wird fragwürdig.

»Ich will mehr Zeit für mich« – diese Forderung gab es bisher eigentlich nur bei Frauen. In Zukunft werden auch Männer sensibler und übernehmen bisher weibliche Lebensziele, sodass Privates wieder genauso wichtig wie Berufliches wird. Das Privatleben verliert seinen Inselcharakter. Die neue Karrieregeneration wählt die *Form der sanften Karriere*, will ebenso leistungsmotiviert, zielstrebig und erfolgsorientiert sein, lässt sich aber nicht mehr nur von »harten Prinzipien« wie Geld, Macht und Aufstiegsstreben leiten. Sie hat Freude am Erfolg und an der Verwirklichung eigener beruflicher Vorstellungen. Es geht um das Gleichgewicht von Berufs- und Privatleben: *Balancing heißt das Lebenskonzept.*

Für die nächste Generation wird die Familie kein Auslaufmodell und Konsum oder Kind keine wirkliche Alternative mehr sein. Wenn sich die Einstellungsänderungen der jungen Generation weiter stabilisieren, wird sich die junge Generation Zug um Zug vom Singledasein und der Kinderlosigkeit verabschieden. Dieser grundlegende Einstellungswandel wird sich natürlich nur langsam entwickeln und nicht gleich von heute auf morgen demografische Veränderungen zeigen.

Dafür sprechen vor allem die noch immer großen Vorbehalte der jungen Männer, die deutlich mehr als junge Frauen Wert auf ihre persönliche Freiheit legen. Noch immer denken viele junge Männer bei Familie weniger an die eigene, sondern an ihre Elternfamilie (»Pension Mama«), eine Art »Mamamanie« – wie in Italien auch, wo die jungen männlichen Nesthocker als sogenannte »Mamonis« traurige Berühmtheit erlangt haben, weil sie von ihrem Familiengründungs- und auch Zeugungsverweigerungsrecht immer öfter Gebrauch machen.

Die gesellschaftliche Diskussion zur Vereinbarkeit von Beruf und Familie ist bisher viel zu verengt auf eine »2K«-Frage reduziert worden – so als würde das Leben nur aus Kindern und Karriere bestehen.

Wir brauchen eine andere, eine erweiterte Balance des Lebens: Die »2K«-Frage, in der es zentral um Karriereplanung und Kinderbetreuung ging, muss um die »2A«-Frage erweitert werden – um Arbeit und Altenbetreuung bzw. -pflege.

Die Pflegeleistung von Familienangehörigen spart Geld bei den Pflegekassen, stellt aber auch die Personalpolitik in den Betrieben vor neue Aufgaben. Die Personalpolitik hat es in Zukunft mit einem erweiterten Familienverständnis zu tun, in dem mehr die älteren Generationen und nicht nur die Kinder im Blickpunkt stehen.

2. Freundschaft zwischen den Generationen.
Der neue Zusammenhalt

Die Familie von morgen ist nicht mehr nur ein Ort,»wo Kinder sind«. *Die Familie ist eine Gemeinschaft mit starken Bindungen, in der mehrere Generationen füreinander sorgen* und wo Sicherheit und Verlässlichkeit, Zusammenhalt und Geborgenheit gelebt werden können. Die Generationen»in« der Familie helfen sich ein Leben lang. Selbst jeder zweite Hochaltrige (49 %) im Alter von über 85 Jahren leistet noch»finanzielle Unterstützungen« (Kruse 2014) für nachfolgende Generationen in der Familie.»*Generativität*« umschreibt die Leistungen der Hochaltrigen, die sich *für das Wohl nachfolgender Generationen verantwortlich* fühlen. Besser kann man Vertrauen in die Zukunft nicht zum Ausdruck bringen.

Eine *neue Lebensqualität* kommt auf die Deutschen zu, die in den Wohlstandszeiten der vergangenen Jahrzehnte nicht im Blickpunkt stand: *der Generationenzusammenhalt, die Solidarität der Generationen.* Der demografische Wandel in Verbindung mit unsicheren Krisenzeiten hat zu einer grundlegenden Bedeutungsaufwertung der Generationenbeziehungen zwischen Enkeln, Kindern, Eltern und Großeltern geführt.

In der Tendenz zeichnet sich ein *Wandel von der Zwei- zur Drei-Generationenfamilie* ab. 84 % der Deutschen sind davon überzeugt: Der Generationenzusammenhalt»wird immer wichtiger und hilft bei vielen Krisen«. Die Generationen stützen und unterstützen sich – mental, sozial und auch materiell. Vor allem die 50plus-Generation (91 %) leistet erhebliche Transfers (Geld und Sachmittel) an die jüngere Generation, die sich wiederum durch nicht monetäre Hilfeleistungen (Haushaltsarbeiten, Besorgungen, Betreuung) erkenntlich zeigt. So entwickelt sich die *Generationenbeziehung* zu einem *familiären Generationenpakt.*

Dieser private Generationenvertrag umschreibt das Zusammenspiel zwischen drei (und nicht nur zwischen zwei) Generationen: Die Großelterngeneration hat zeitlebens für die Elterngeneration gesorgt und möchte nun ihrerseits versorgt werden. In diesem *Generationenpakt* spielt die dritte, die *Kindergeneration eine zentrale Rolle*. Sie bringt nicht nur eine moralische Dimension ins Spiel. Sie macht die Eltern auch darauf aufmerksam, was sie erwartet, wenn sie sich weiterhin so verhalten. *Das Vorleben der Elterngeneration wird normprägend für die Nachkommen.*

Längsschnittuntersuchungen über mehr als vier Generationen weisen nach: *Generationenbeziehungen werden wichtiger als Partnerbeziehungen* (Bertram 1997, S. 85). Sie weisen ein höheres Maß an Stabilität auf. Die Großeltern-Eltern-Kind-Enkel-Beziehung gewinnt in gleichem Maße an Bedeutung, wie das partnerschaftliche Zusammenleben von (Ehe-)Paaren partiell an Stabilität verliert. Die Mehrgenerationenfamilie lebt vom Kontakt auf Entfernung bzw. von der *Nähe durch Distanz*. Und sie ist zur Stelle, wenn Rat, Hilfe und Unterstützung gebraucht werden.

> Als Tendenz zeichnet sich für die Zukunft die Mehrgenerationenfamilie an verschiedenen Orten (und nicht die Großfamilie unter einem Dach) ab. Dieser neue Familientypus bildet keinen gemeinsamen Haushalt und pflegt doch enge familiäre Beziehungen.

Der Generationenpakt auf familiärer Basis macht aus der sozialen Pflicht ein spannungsreiches Abenteuer und aus dem öffentlichen Vertrag eine private Vereinbarung, in der das Soziale gleichwertig neben dem Ökonomischen steht. Die Frage, ob unsere Gesellschaft zukunftsfähig ist, ist vom wirtschaftlichen Denken her allein nicht mehr beantwortbar, was auch die Schwäche des traditionellen Generationenvertrags erklärt, der nur das Verhältnis zwischen Beitragszahlern und Rentenbeziehern klärt, in dem aber *Kinder – die Beitragszahler von morgen –* gar nicht vorkommen. Der Nachwuchs wird einfach übergangen. Entstanden ist so ein engherziger und ungerechter Torso: Was Familien leisten, ist – wenn sie es leisten – buchstäblich unbezahlbar.

Was bisher eine Seltenheit war, kann in Zukunft zur Normalität werden: die *Drei- bis Vier-Generationenfamilie.* »Beinahe in jeder Grundschulklasse gibt es Kinder, die noch eine Urgroßmutter besitzen. Bei der Einschulungsfeier sitzen *mehr Großeltern als Geschwister* auf den Bänken« (Lepenies 1997, S. 85). In Zukunft überschneiden sich die Lebenszeiten der Generationen, während sie früher aufeinanderfolgten.

Der Spätlebemensch der Zukunft stirbt nicht so schnell. *Jungsein und Altsein müssen neu definiert werden.* Wird es so im Deutschland 2050 schon bald heißen? »Hinterm Friedhof leben zwei junge Familien. Na ja, 60 sind die auch schon ...« In drei Jahrzehnten ist jeder dritte Bundesbürger über 60 Jahre alt. Wer dann dieses Alter erreicht, wird – relativ gesehen – genauso alt wie ein Zwanzigjähriger vor zweihundert Jahren sein: Beide haben eine Lebenserwartung von etwa zwanzig Jahren vor sich.

Die Übergänge und Grenzen zwischen einzelnen Lebensphasen werden fließender, weniger starr. Und aus dem dritten Lebensalter entwickeln sich drei ältere Generationen: Die Jungsenioren (50plus), die Senioren (65plus) und die Hochaltrigen (80plus), die in ihren Lebensstilen und Lebenszielen kaum miteinander vergleichbar sind – so wie 14- und 44-Jährige auch nicht.

Deutet sich eine *Rückbesinnung auf frühere Generationenbeziehungen* des 17. bis 19. Jahrhunderts an, die auf emotionalen

Bindungen beruhten? In früheren Jahrhunderten gab es ebenso dauerhafte wie intensive Beziehungen zwischen den Generationen (Ehmer 1990, S. 90): Die mobilen Handwerksgesellen hielten auf ihrer Wanderschaft regelmäßigen Kontakt zu ihren Eltern, tauschten Briefe aus und erhielten Geldsendungen. Auf dem Land standen die Familien in ständiger Verbindung auch zu weit entfernt lebenden Kindern oder Eltern. Und im Arbeitermilieu des späten 19. Jahrhunderts wurden Eltern zur Versorgung und Betreuung in die Haushalte ihrer Kinder aufgenommen. Gegenseitige Hilfe und Unterstützung wurde erwartet und als verpflichtend empfunden. Eine *Unterstützungs- und Beistandspflicht* war Norm und Leitbild zugleich – also mehr eine ökonomische und soziale Notwendigkeit und weniger die Folge einer Sehnsucht nach (groß-)familiärer Idylle.

Auch die heutigen Generationenbeziehungen beweisen Stabilität und verlassen sich nicht nur auf die staatliche Fürsorge. Wird das zynische Wort des französischen Soziologen Jean Baudrillard, wonach die Sozialversicherung nur die »Prothese einer toten Gesellschaft« sei, von der Wirklichkeit eingeholt?

Die Bürger verlassen sich nicht mehr auf die »Prothese« des staatlichen Generationenvertrags. Sie können und wollen ganz gut auf eigenen gesunden Beinen stehen. Jetzt heißt es eher wieder Neubesinnung auf den Menschen – als Teil der Natur, die sich selber hilft. Am Anfang der Menschheitsgeschichte war schließlich die Urhorde.

Geht man von einer groben Aufteilung der Bevölkerung in die jüngere (bis 34 Jahre), die mittlere (35 bis 54 Jahre) und die ältere Generation (55 Jahre und mehr) aus und fragt nach gegenseitigen Hilfeleistungen materieller und immaterieller Art, so ist man überrascht vom Umfang und der Intensität *gelebter und praktizierter Solidarität* zwischen den Generationen. Die Hilfeleistungen fangen früh an und hören eigentlich nie auf.

Bei der aktuellen gesellschaftlichen Diskussion zur Alterssicherung werden vorrangig finanzielle Aspekte erörtert. Dabei wird weitgehend übersehen, dass es innerhalb der Familien zu *umfangreichen Transfers zwischen den Generationen* kommt. Nachweislich fließen *Ströme an Geld, Sachmitteln und persönlichen Hilfen von den Älteren zu den Jüngeren.* Die Älteren leisten erhebliche Transfers an ihre Kinder – und das mit wachsender Tendenz: Geld (2003: 28 % – 2010: 35 %), Sachmittel (2003: 20 % – 2010: 27 %) und persönliche Hilfen (2003: 21 % – 2010: 29 %). Sie erbringen vielfache Geld- und Dienstleistungen für die Jüngeren, wozu insbesondere Kinder- und Enkelbetreuungsdienste gehören, aber auch Ersparnisse in Form von Schenkungen und Erbschaften. Dieses Verhalten trägt in mehrfacher Hinsicht zur *persönlichen Bereicherung* bei. Kinder und Enkel werden von Geldsorgen entlastet oder durch den großelterlichen Geldsegen bereichert. Und für die Älteren stellt das Geben-Können mehr eine *persönliche Erfüllung* und weniger einen Konsumverzicht dar.

Eine Art »zweiter« Generationenvertrag kündigt sich an. Jenseits von staatlicher Reglementierung helfen sich die Generationen wieder selbst. Gemeinsam in eine lebenswerte Zukunft: Das ist die neue Solidarität der Generationen.

Die Bevölkerung altert dramatisch. Die Lebenserwartung steigt weiter an. Bis zum Jahr 2040 wird sich der *Anteil der über 60-jährigen Bevölkerung in Deutschland verdoppeln.* Diese demografische Revolution bleibt nicht allein auf Deutschland beschränkt. Nach Berechnungen des UN-Bevölkerungsfonds (UNFPA) wird die allgemeine Lebenserwartung in den westlichen Industrieländern bis Ende des Jahrhunderts auf 87,5 Jahre (bei Männern) und 92,5 (bei Frauen) steigen. Selbst ein Leben über 100 könnte mithilfe der Genforschung Wirklichkeit werden – wenn wir dies denn wollen.

Die Wohnwünsche der Bevölkerung in Deutschland lassen sich auf eine Formel bringen: Selbstständigkeit bis ins hohe Alter! Noch nie waren die Wünsche nach selbstbestimmtem Leben bis ins hohe Alter so dominant wie heute.

Nur wenige können sich mit dem Gedanken an eine Unterbringung im Alters- oder Pflegeheim anfreunden. Eine solche Perspektive wird von der überwiegenden Mehrheit der Bevölkerung *als Schicksalsschlag empfunden*, vehement verdrängt und abgewehrt.

Wenn die Bundesbürger realistisch einschätzen sollen, wie sie wohl »im hohen Alter wohnen und leben werden«, nennen sie fast selbstverständlich: *in eigener Wohnung*. Dabei äußern sie ganz spezielle Wohnwünsche: Jeder Zweite will selbstständig in eigener Wohnung »ohne fremde Hilfe« leben. Andere denken ebenfalls an ihr eigenes Zuhause – aber »mit ambulanter Pflege« oder an eine »eigene Seniorenwohnung mit Betreuungsangebot«.

In der Entwicklung neuer Wohnkonzepte in einer Gesellschaft des langen Lebens stehen wir erst am Anfang: Jeder zehnte Bundesbürger träumt davon, im Alter in einer Bau- oder Hausgemeinschaft mit Freunden oder einem Generationenhaus zu wohnen. Die Angst vor sozialer Isolierung ist groß. Deshalb wächst der Wunsch nach sozialem Zusammenhalt. Gefragt sind in Zukunft vor allem *generationsübergreifende Wohnkonzepte*: Baugemeinschaften und Wohngenossenschaften sind im Trend.

Zwölf von hundert Bundesbürgern ab 14 Jahren, was hochgerechnet rund 8 Millionen Menschen sind, nennen als persönlichen Wunsch: »Mein Zukunftstraum ist eine Wohngemeinschaft in einem Haus, in dem mehrere Generationen eine eigene Wohnung haben und jederzeit *in Gemeinschaftsräu-*

men zusammenkommen können, aber nicht müssen.« Eine
ebenso kommunikative wie individualistische Form des Wohnens, die Alleinsein ermöglicht und Verlassensein verhindern
hilft. Vor dem Hintergrund einer weiter zunehmenden Lebenserwartung, zu der für viele – insbesondere für Frauen – das
Alleinleben im Alter gehört, kann die *Generationenhausge-
meinschaft* eine zukunftsfähige Wohn- und Lebensform sein,
die Gemeinsamkeit und Geborgenheit ermöglicht.

Neue Wohnkonzepte geben konkrete Antworten auf die Folgen einer
Gesellschaft des langen Lebens. Dabei geht es auch um Alternativen
zu den traditionellen Pflegeheimen. Möglich sind in Zukunft neue
Hausgemeinschaften für Senioren, bei denen ein ambulanter Pfle-
gestandard garantiert wird und in denen Bewohner eigenständiger
und selbstbestimmter als in Heimen leben können. Sie wohnen in
eigenen Räumen, werden aber zugleich aktiviert durch einen Ge-
meinschaftsbereich, in dem gekocht, gegessen, gebügelt oder geredet
werden kann.

Baugemeinschaften mit individuell zugeschnittenen Einzel-
wohnungen in Mehrfamilienhäusern sind gefragt: Von Anfang
an müssen zusätzliche Gemeinschaftsräume sowie ein für alle
zugänglicher Garten geplant werden, den die Bewohner für
nachbarschaftliches Miteinander nutzen können, aber nicht
müssen. In diesem Vorhaben sollten sie von kommunalen
Agenturen für Baugemeinschaften unterstützt werden – wie
z. B. in Hamburg, wo die Behörde für Stadtentwicklung Bau-
willigen bei der Suche nach passenden Grundstücken hilft und
sie bei der Finanzierung und Handhabung der Verwaltungs-
vorschriften berät. Mit einem besonderen Nebeneffekt: Bauen
im Team ist bis zu 25 % günstiger als der individuelle Kauf einer
Neubauwohnung.

Mit jedem Wandel einer Lebensphase ändern sich die Wohnstile. Mit der Zunahme der Lebenserwartung muss jede(r) viele und vielfältige Lebensphasen (und damit Wohnformen) durchlaufen. Idealiter müsste mit jeder neuen Lebensphase das Haus bzw. die Wohnung neu eingerichtet oder gar umgebaut werden. So gesehen hört mit dem demografischen Wandel das Einfamilienhaus auf, Idealtypus der Gesellschaft zu sein.

Sozialer Zusammenhalt wird in Zukunft pragmatischer verstanden. Bis ins hohe Alter Selbstverantwortung für das eigene Befinden tragen und sich weitgehend selber helfen können, um anderen nicht zur Last zu fallen: Das wird die neue Solidarität bzw. neue soziale Verantwortung im 21. Jahrhundert sein. Nur sie ermöglicht Altwerden mit Familie und Freunden statt Einweisung ins Heim. Das bedeutet: In Zukunft ist eher bescheideneres Wohnen mit sozialer Lebensqualität als komfortableres Wohnen mit räumlicher Isolation gefragt.

Wohnen wird wieder *Heimat mit Nestwärme*, wie ein aktuelles Beispiel zeigt: Acht Rentner zwischen 62 und 92 Jahren ziehen genervt aus einem Hamburger Altersheim aus und mieten – über einen Makler vermittelt – gemeinsam eine alte Villa am Ratzeburger See. Sie sparen dabei Geld, haben endlich wieder etwas zu tun und schmieden gemeinsam Reisepläne. Sie haben sich im Altersheim kennen, schätzen und respektieren gelernt: Das Altersheim ist für sie fast zum Sprungbrett für ein neues Leben geworden.

Jeder wird zum Pflegefall? Die Wirklichkeit sieht ganz anders aus. *Die Menschen altern gesünder. Das individuelle Risiko, im Alter auf Pflege angewiesen zu sein, sinkt seit Jahren kontinuierlich.* Seit dem Jahr 2000 ging das Pflegerisiko bei Männern um 8 und bei Frauen gar um 25 % zurück. Grund dafür ist der immer bessere Gesundheitszustand. In den Statistiken u. a. auch ablesbar an der Tatsache, dass immer mehr *Pflegebedürftige in der niedrigsten Pflegestufe eins* versorgt werden, weil sie sich noch weitgehend selber helfen können und wollen.

Männer im Alter von 60 Jahren haben eine Lebenserwartung von zwei Jahrzehnten vor sich. Frauen können auf ein Vierteljahrhundert hoffen. Wenn medial der Eindruck erweckt wird, die Zahl der Pflegebedürftigen steige ständig, so ist diese Tatsache nur der zunehmenden Zahl der Älteren, Hochaltrigen und Langlebigen geschuldet. In Wirklichkeit braucht etwa jeder Zweite im Alter keine Pflege.

> Länger leben, gesünder bleiben und nicht gebrechlicher werden: Das hält die Menschen in Zukunft geistig und körperlich fit. Die Lebenserwartung nimmt in Deutschland jedes Jahr um mindestens zwei Monate zu. Langlebigkeit, nicht Hinfälligkeit ist der Trend der Zukunft.

Damit es sich auch lohnt, so lange zu leben, muss die Lebensqualität (und nicht nur der Lebensstandard) erhalten und verbessert werden. Das ist mehr eine *Frage des persönlichen und sozialen Wohlergehens* und weniger eine Frage des Geldes.

> Die Zahl der gewonnenen Jahre, in denen die persönliche Lebensqualität nicht gemindert wird, steigt stetig. WHO und OECD müssen in ihrer Gesundheitsstatistik umdenken: Die Negativdefinition der verlorenen Lebensjahre (»Potential Years of Life Lost«) wandelt sich in Zukunft zur Positivdefinition der gewonnenen Lebenszeit.

Positive Gesundheitstrends zeichnen sich ab: Die Deutschen können mit einem langen – und über lange Jahre in Gesundheit verbrachten – Leben rechnen. Ein seit den Siebzigerjahren zu beobachtender Zukunftstrend (Robert-Koch-Institut 2006, S. 65) setzt sich weiter fort: Die Gesundheit der Deutschen verbessert sich. Der Anteil der Bevölkerung, der seinen Gesundheitszustand als »sehr gut« bezeichnet, nimmt stetig zu.

Und die Lebenserwartung wächst weiter. Wer heute 65 Jahre alt wird, hat noch ein Viertel seines Lebens vor sich – die »vierte« Lebensphase. Und für die Zukunft gilt: *Die Männer holen bei der Lebenserwartung auf.* Der Angleichungsprozess zwischen den Geschlechtern setzt sich weiter fort. Dabei ist die *beschwerdefreie Lebenserwartung* im Vergleich zu anderen EU-Staaten in Deutschland relativ hoch.

Statt wie bisher fast nur über die Entstehung von Krankheiten nachzudenken (»Pathogenese«), rückt in Zukunft die »Salutogenese« ins Zentrum von Gesundheitsforschung und Gesundheitspolitik. Dabei geht es primär um die Frage, wie Menschen bis ins hohe Alter gut und gesund leben können.

Um dem Schicksal von Altersarmut zu entgehen, muss frühzeitig eine umfassende *private Lebensökonomie entwickelt* werden, die das materielle Fundament des Lebens um soziale, physische und mentale Aspekte ergänzt und bereichert. Lebensökonomie setzt Kapitalbildung auf breiter Ebene voraus: *Geldkapital, Humankapital, Sozialkapital.* Konkret: Alles, was zur Sicherung des Lebensunterhalts und der Lebensqualität beiträgt. Einkommen und Vermögenserwerb, Geldanlagen und Erbschaften, Sparquoten und Immobilien, aber auch Gesundheitsinvestitionen, Familiengründung und Kindererziehung, Nachbarschaftshilfen und freiwillige Pflegeleistungen stellen das Lebenseinkommen dar und garantieren Lebensqualität.

Eine gelungene private Lebensökonomie gleicht einem Lebenshaus bzw. einem *Haus der Zukunftsvorsorge* mit einer stabilen ökonomischen Säule (= *materielle Vorsorge*). Damit lässt sich aber allenfalls der Lebensstandard absichern oder verbessern. Aus der Sicht der Bevölkerung ist Lebensqualität bis ins hohe Alter nur dann gewährleistet, wenn gleichzeitig und gleichwertig

- die *physische Vorsorge* (= die Gesunderhaltung),
- die *soziale Vorsorge* (= die Pflege der Familien- und Freundesbeziehungen) sowie
- die *mentale Vorsorge* (= die persönliche Interessenentwicklung und Weiterbildung)

als Zusatzversorgungen hinzukommen und darauf aufbauen. Altersvorsorge muss mehr private Zukunftsvorsorge und weniger ein Regelwerk des Gesetzgebers sein.

Der Anstieg von 3,7 (2009) auf 6,3 Millionen (2030) Hochaltrige wird nur zum geringen Teil mit einem Anstieg von Pflegebedürftigen einhergehen. Obwohl ab dem 80. Lebensjahr das Risiko einer Pflegebedürftigkeit steigt, werden in Zukunft etwa *zwei Drittel aller Pflegebedürftigen zu Hause versorgt* – nicht nur von den eigenen Familienangehörigen, sondern zunehmend von *Angehörigeninitiativen*, die Pflegedienste eigener Wahl engagieren. So können sich Familien auch in Zukunft ihre Alltagsnormalität bewahren und doch als *Alternative zu Pflegeheimen* ihrer Fürsorgepflicht nachkommen.

Die Immobilienbranche sollte sich von überhöhten Renditeerwartungen im Bereich von Sozial- und Seniorenimmobilien verabschieden. Statt nur von gigantischen »Pflegebatterien« und Tausenden neuer Pflegeheime zu träumen, sollte realistischerweise zur Kenntnis genommen werden, dass der Zukunftstrend in eine ganz andere Richtung geht: *Generationsübergreifenden Wohnkonzepten* mit Dienstleistungsangeboten gehört die Zukunft.

Eine Renaissance der Großfamilie in neuer Form zeichnet sich ab. Das ist in der Regel keine Haushaltsgemeinschaft mehr. Die neue Mehrgenerationenfamilie gleicht eher einem verlässlichen sozialen Netz der Sorge und Fürsorge, des Sich-umeinander-Kümmerns einschließlich regelmäßiger Telefon- und Besuchskontakte.

Dafür sorgen auch vielfältige Transfers zwischen den Generationen – vor allem Geld- und Sachgeschenke durch die Älteren und mehr persönliche Hilfen und Besorgungen durch die Jüngeren. Die Generationenbeziehungen reißen nicht ab. *Eine der nachhaltigsten Ressourcen der Zukunft wird die Solidarität und Freundschaft zwischen den Generationen sein.* In der Sprache der Sozialpolitik: »Intergenerationelle Unterstützung«.

Der Beitrag älterer Menschen zum Zusammenhalt der Generationen wird immer bedeutsamer. Mit dem steten Anstieg der Lebenserwartung ist ein deutlicher Gewinn an aktiven Jahren verbunden – zum Wohle der Gesellschaft insgesamt.

Aus dem dritten wird das vierte Lebensalter. Gesünder lebend und finanziell besser gestellt sind die »Best Ager«. Sie sind in der Lage, sich mehr für andere einzusetzen und zu engagieren. Das bürgerschaftliche Engagement von jungen Alten für Hochaltrige hat eine nicht zu unterschätzende *Pionierfunktion für die Solidarität der Generationen.*

Die Generationen sind im Sinne des Philosophen Robert Spaemann *für einander Schicksal* (Spaemann 1999, S. 108), bei der die Älteren den kommenden Generationen die Welt so hinterlassen, dass die Nachkommen mit der Hinterlassenschaft auch etwas anfangen können. Im Idealfall entwickelt sich eine *Freundschaft zwischen den Generationen.*

3. Mehr Wir-Gefühl als Ego-Kult.
Die Ära der Ichlinge geht zu Ende

Die Wohlstandsjahrzehnte der Siebziger- bis Neunzigerjahre machten mitunter den *Eindruck einer Konsumkultur kinderloser Egoisten,* die das Leben genießen und im Leben nichts verpassen wollten. Trendforscher sagten seinerzeit für das 21. Jahrhundert den Aufstieg des »Super-Egos« (Horx 1994, S. 26) voraus. Ganz anders ist es gekommen: Die Ära des Ich-Kults geht zu Ende. In Deutschland ist wieder *mehr Zusammenrücken als Auseinanderdriften* gefragt. Die Bundesbürger sind sich einig: »Für Egoismus ist in unserer Gesellschaft weniger Platz. Wir müssen mehr zusammenhalten« sagen 86 % der Bevölkerung. Vor allem die ältere Generation über 50 Jahre macht sich für einen notwendigen *Wandel vom Ich zum Wir* besonders stark (90 %). Es kann nicht mehr so weitergehen wie bisher.

Die Erfahrungen vom 11. September 2001 bis zu den Finanz-, Gesellschafts- und Umweltkrisen der letzten Jahre brachten eine Zäsur im Denken und in den Lebenseinstellungen der Menschen: Die Spaßkultur weicht einer neuen Ernsthaftigkeit. Und eine Ära der Nachhaltigkeit beginnt – auch und gerade im zwischenmenschlichen Bereich. Beständigkeit ersetzt Beliebigkeit.

Eine grundlegende Änderung in den Lebenseinstellungen der Deutschen zeichnet sich ab. Quer durch alle Berufs-, Alters- und Sozialschichten nimmt die Überzeugung zu, dass man sich *in schwierigen Zeiten aufeinander verlassen können* muss. In Zeiten des Wohllebens kann jeder für sich selbst leben und sein Ego ausleben. Wenn aber der Wohlstand auf breiter Ebene stagniert und für die nahe Zukunft nicht gesichert erscheint, dann ist *für Ichlinge kein Platz mehr*. Die Bundesbürger wollen vom Ego-Kult immer weniger wissen. Im Umgang miteinander suchen sie wieder mehr menschliche Wärme und Zusammenhalt.

Auch in Politik, Wirtschaft und Gesellschaft verlieren Super-Egos an Glaubwürdigkeit, wenn sie keine Verantwortung übernehmen für das, was sie sagen und tun. Maßstab hierfür ist die Authentizität, die Übereinstimmung zwischen öffentlicher Präsentation und persönlicher Lebensführung. *Ich-Stärke (nicht Egomanie) ist gefragt.* Dies schließt das Eingeständnis persönlicher Fehler und Schwächen mit ein. Wer sein Ich so im Wir-Denken verwirklicht, hat und bekommt im Leben immer eine *zweite Chance.* Ichlinge hingegen, die sich nur den Anschein sozialer Sensibilität geben, weil sie dies für sich instrumentalisieren können, verwirken ihren Anspruch auf moralische Autorität. *Das Ich im Wir* hingegen setzt auf die »3V« (Vertrauen/Verantwortung/Verlässlichkeit) und verzichtet auf Gier und Maßlosigkeit.

> Das Leben ist heute keine bloße Inszenierung für multiple Identitäten (»Ich bin viele«) mehr. Das Super-Ich hat ausgedient. Und Wir-Gefühle werden wichtiger. Krisenzeiten hinterlassen ihre sozialen Spuren: Wiederentdeckt wird der Wert der Gemeinsamkeit und die Verständigung darüber, was uns verbindet und zusammenhält.

Stehen wir am Beginn eines neuen Zeitalters? Haben Strukturwandel, Wertewandel und demografischer Wandel eine grundlegende Veränderung unserer Lebensziele und Lebensstile zur Folge? Oder handelt es sich nur um ein Strohfeuer, das vorübergehend soziale Geborgenheit höher einschätzt als individuelle Freiheit? Nein. Alle Anzeichen deuten darauf hin:

> Der Familiensinn wächst. Gemeinsinn bürgert sich wieder ein. Soziale Verantwortung kehrt zurück. Und eine neue Gemeinschaft auf Gegenseitigkeit entwickelt sich. Die Ichlinge werden zur Randerscheinung. Doch das Ich stirbt deshalb nicht; es lebt weiter im Wir: Wer ICH werden will, muss WIR wollen.

4. Gemeinschaft auf Gegenseitigkeit.
Der Solidarische ist nicht mehr der Dumme

Der Sozialstaat in Deutschland steht vor einer großen Belastungsprobe. Die soziale Absicherung ist nicht mehr sicher. Die Deutschen müssen vom »Vater Staat« als Versorger und Verteiler Abschied nehmen – und ihre *Anspruchshaltung grundsätzlich ändern.* Das gesellschaftliche Leitbild der Deutschen lautet: Gemeinschaft auf Gegenseitigkeit. Geben und Nehmen sollen wieder im Gleichgewicht sein.

Die Bevölkerung stellt hohe moralische Ansprüche: »Wer staatliche Sozialleistungen in Anspruch nimmt, sollte auch« – so die Forderung von 83 % der Bundesbürger – »ein *Mindestmaß an Gegenleistung für die Gesellschaft* erbringen und gemeinnützige Aufgaben übernehmen.« Für fast alle Bewohner auf dem Land ist dies eine Selbstverständlichkeit (98 % – Großstädter: 82 %), zumal hier auch die soziale Kontrolle durch Nachbarn und Mitbewohner besonders groß ist. Am wenigsten können sich Arbeitslose (72 %) für Gegenleistungen durch gemeinnützige Aufgaben begeistern.

Der Sozialstaat soll sozial gerecht und solidarisch sein. Solidarität aber darf keine Einbahnstraße sein. Jeder Hilfsbedürftige in Deutschland hat das Recht auf staatliche Hilfe und solidarische Unterstützung, aber nach Ansicht der Mehrheit der Bevölkerung auch die Pflicht, nach eigenen Möglichkeiten und Kräften wieder etwas zurückzugeben.

Für die nahe Zukunft zeichnet sich in Ansätzen eine neue *Kultur des Helfens* ab. Denn: Prosoziale Einstellungen in der Bevölkerung – Vertrauen, Verantwortung, Verlässlichkeit – breiten sich aus. Und Freundschaft und Hilfsbereitschaft (»Für andere da sein«) stehen wieder oben in der Werteskala der Deutschen.

Es wächst die Bereitschaft der Bevölkerung zur Gemeinschaft auf Gegenseitigkeit. Die Bürger entwickeln ganz konkrete Vorstellungen, in welchen Bereichen sie sich engagieren wollen. Im Einzelnen sind dies die Betreuung von alten Menschen, die Betreuung von Kinderspielplätzen, soziale Fahrdienste wie z. B. Essen auf Rädern, Lotsendienste wie z. B. Begleitung von Patienten zu Therapien oder Telefondienste für Tagesmüttervereine. Und das alles auf freiwilliger Basis und ohne Zwang.

Nachweislich wenden jede Woche die Bürger mehr Zeit für unbezahlte Arbeiten auf als für die Erwerbsarbeit. Zur unbezahlten Arbeit zählen die *Pflege und Betreuung von Kindern und Erwachsenen* (Kinderbetreuung, Betreuung von Pflegebedürftigen, Fahrdienste, Wegezeiten). Hinzu kommen *hauswirtschaftliche Tätigkeiten* (Essenszubereitung, Wohnungsreinigung, Wäschepflege, Einkaufen, Behördengänge, Organisation, Wegezeiten). Außerdem: *handwerkliche Tätigkeiten* (Bauen, Renovieren, Herstellung und Reparatur von Verbrauchsgütern, Fahrzeugreparatur, -pflege). Und schließlich: *soziale Hilfeleistungen und ehrenamtliche Tätigkeiten.*

Würden diese unbezahlten Arbeiten entlohnt, entspräche das Arbeitsvolumen einem volkswirtschaftlichen Wert von 1,0 bis 1,4 Billionen Euro und läge damit höher als die Lohn- und Gehaltssumme. Rund ums Jahr – an Wochenenden genauso wie an Feiertagen und in den Ferien – arbeiten die Bundesbürger täglich durchschnittlich etwa vier Stunden ohne Bezahlung. Sie pflegen systematisch den Kontakt – nicht nur aus Freude am geselligen Leben, sondern auch und gerade mit dem Gedanken, dadurch etwas Dauerhaftes für ihr eigenes Leben zu schaffen, was sich im Alter vielleicht sogar »auszahlt« bzw. »rechnet«. Bei aller Freundschaft *spielen rationale Erwägungen eine nicht unbedeutende Rolle.*

Die systematische Pflege der Kontakte sowie die Fähigkeit, sich selber zu beschäftigen, werden die wichtigsten mentalen und sozialen Vorsorgemaßnahmen für das Alter sein.

Dies stimmt mit den Erkenntnissen der Enquete-Kommission des Deutschen Bundestages überein, wonach die älteren Menschen in Zukunft mehr als bisher kompetent und in der Lage sein müssen, sich *eigenständig soziale Netze aufzubauen*. Vor dem gesellschaftlichen Hintergrund schrumpfender familialer Netze nehmen auch die Verwandtschaftshilfen (z. B. im handwerklichen Bereich) ab. Die Menschen müssen daher in Zukunft frühzeitig Do-it-yourself-Kompetenzen erwerben, weil andernfalls handwerkliche Dienstleistungen nur professionell erbracht werden können bzw. gegen Bezahlung eingekauft werden müssen.

Es wird unerlässlich sein, das natürliche Hilfspotenzial zu aktivieren, damit Nachbarn als freiwillige Helfer gewonnen werden können. Andernfalls bleibt man allein bzw. alleingelassen.

Sorgenfrei ein Leben lang? Bei der Beantwortung dieser Frage bewegen sich die Gedanken vieler Bürger zwischen sicherer Rente, Lebens-, Kranken- oder Bürgerversicherung. Hingegen haben sich nur wenige über eine *soziale Zukunftsvorsorge* zwischen Familie, Freunde und Verein Gedanken gemacht. Auch in der öffentlichen Diskussion spielen soziale Aspekte der alternden Gesellschaft nur eine marginale Rolle. Meist stehen Finanzierungsfragen im Zentrum. Erst wenn die Geldfrage geklärt ist, werden viele Bürger spüren, dass sie *bei ihrer Lebensplanung die soziale Komponente vergessen* haben.

Die Wiederentdeckung und Pflege von Hausgemeinschaften und Nachbarschaftshilfen wird die große soziale Aufgabe des 21. Jahrhunderts sein. Flächendeckende Heimversorgung und »betreutes Wohnen« (in den Siebzigerjahren nur für Behinderte eingeführt) werden bald der Vergangenheit angehören, weil sie dann durch den *Selbsthilfegedanken* und die *Nachbarschaftsmentalität* abgelöst werden. Gestützt und unterstützt wird die *neue Generationensolidarität* durch das soziale Netzwerk von Freunden, Bekannten und Nachbarn auf der Basis von Freundschaft und Hilfsbereitschaft. Mit zunehmendem Alter werden vor allem die Nachbarn im unmittelbaren Wohnumfeld bedeutsam. Sie ermöglichen eine Hilfsbereitschaft der kurzen Wege. Die Erkenntnis setzt sich durch: Der Solidarische muss nicht mehr der Dumme sein.

Die Bürger distanzieren sich zunehmend von der »Egoismus-Falle« (Nuber 1990), von der Ideologie des aufgeblähten Selbst und den wir-losen Ichlingen.

Das Ego reicht als Sinnquelle des Lebens nicht mehr aus. Die Nabelschnur wird wieder wichtiger als die Nabelschau. Hilfsbereitschaft und Freundschaft stellen die persönlich wichtigsten Werte der Zukunft dar.

Aus der jahrelangen Geringschätzung helfender Berufe (z. B. durch schlechte Bezahlung, schlechtes Image, keine Lobby) im Sozial- und Erziehungsbereich, in dem der Dienst am Nächsten fast zur ehrenamtlichen Frauensache wurde, erklärte sich das inzwischen von immer mehr Menschen empfundene Defizit im mitmenschlichen Umgang. *Hilfsbereitschaft* kann nicht mehr länger nur den Profis überlassen bleiben. Ohne die Bereitschaft, anderen helfen zu wollen, kann es auch keine Qualität der sozialen Beziehungen im Alltag geben. *Freundschaft* stellt eine wertvolle Beziehung dar, die man nur mit ganz wenigen Menschen haben kann, weil sie auf gemeinsamen Interessen und Erfahrungen beruht und gegenseitiges Vertrauen und Verstehen beinhaltet. Natürlich sind Freunde im Notfall auch dann zur Stelle, wenn man sie braucht. Freundschaften behalten ihre Bedeutung bis ins hohe Alter.

Die Bürger machen die Erfahrung des Aufeinander-Angewiesenseins – auch und gerade in der näheren Nachbarschaft: von der Urlaubsbetreuung des Hauses und der Haustiere über die Gartenarbeit bis hin zur Hilfe beim Umzug. *Die überwiegende Mehrheit der Bevölkerung leistet Nachbarschaftshilfen.* Solange sich Menschen umeinander kümmern und sorgen, lebt die Solidarität als Bürgerselbsthilfe, ohne auf den Staat angewiesen zu sein.

5. Zukunftsoptimismus als Lebenskonzept. »No future« war gestern

Die Jugend blickt wieder optimistisch in die Zukunft. *»No future« war gestern; Lebensoptimismus ist angesagt.* Auch wenn es der Jugend heute objektiv schlechter geht als ihrer Elterngeneration der Nach-68er-Jahre und eine alternde und schrumpfende Gesellschaft auf sie wartet: Die Jugend glaubt an sich und ihre Zukunft und hält wenig von Selbstmitleid.

Die überwiegende Mehrheit der jungen Generation im Alter von 14 bis 34 Jahren (87 % – übrige Bevölkerung: 81 %) beschreibt ihre bejahende Lebenshaltung so: »Bei mir überwiegt die positive Einstellung zum Leben. Ich blicke optimistisch in die Zukunft.«

Die Einstellung der jungen Generation ist klar: Sie will das Beste aus dem Leben machen – auch unabhängig davon, ob die Zukunftssignale der Wirtschaft rosig oder düster sind. *Die mentale Stärke* überrascht. Die Grenzen zwischen »Ich will«, »Ich kann« und »Ich muss« sind fließender geworden. Optimismus beschreibt die Lebenshaltung, die Zukunft aktiv gestalten hilft. Je jünger die Befragten sind, desto positiver sind sie zum Leben eingestellt. Das macht die Jugend zum *Hoff-*

nungsträger. Den größten Zukunftsoptimismus demonstrieren die 14- bis 19-Jährigen (94 %), den geringsten die 50plus-Generation (77 %).

Für die überwiegende Mehrheit der jungen Generation in Deutschland gilt: Sie hat den (Zukunfts-)Optimismus geradezu verinnerlicht:»Ich« muss positiv in die Zukunft schauen, damit es»mir« heute gut und eines Tages noch besser geht. Diese Hoffnung wird zur Energie- und Kraftquelle des Lebens und Handelns:»Jetzt helfe ich mir wieder selbst!« Die nächste Generation entwickelt *Wohlfühlstrategien.* Sie setzt auf positive Glücksgefühle. Sie lernt, das Glas halb voll und nicht halb leer zu sehen (Layard 2005, S. 207). Dafür spricht auch, dass mittlerweile eine knappe Mehrheit der Familien mit Kindern Optimismus für ein besonders wichtiges Erziehungsziel hält.

Optimismus muss nicht gelehrt, gelernt und gelebt werden, um die Herausforderungen des Lebens bestehen zu können. Und die nächste Generation glaubt sicher nicht, in der besten aller möglichen Welten zu leben. *Besser leben (statt immer mehr haben) heißt ihre Agenda des Lebens.* Wohlergehen wird wichtiger als wohlhabend zu sein. Und das heißt: Auch in schwierigen Zeiten gut leben können.

Das positive Denken gehört zum Menschen wie der aufrechte Gang. Ohne positives Denken, ohne Hoffnungen und Träume kann der Mensch – das einzige Wesen, das die Unausweichlichkeit seines Verfalls und Todes kennt – nicht leben, ohne von dem Gedanken daran erdrückt zu werden.

Mit der Entwicklungsgeschichte der Menschheit ist von Anfang an das Wunschdenken, der Glaube an ein besseres Leben, auch und gerade in krisenhaften Zeiten verbunden. Wenn das Leben in Gefahr ist oder die

Lebensqualität spürbar schlechter wird, setzt der menschliche Wille zum Leben ein: der Kampf ums Überleben, der Abschluss einer Lebensversicherung, die Teilnahme am Glücksspiel, die Begeisterung für eine neue Idee oder Religion, die Hoffnung auf Gesundheit, die Zuversicht, das gute Gefühl und der positive Glaube daran, dass es besser wird.

Im biblischen Sinne noch am Vorabend des Weltuntergangs einen Baum pflanzen, ist bildhafter Ausdruck des positiven Impulses im Menschen. Auch hochaltrige Menschen haben Zukunftserwartungen, die sie als erwünscht, vorteilhaft oder genussvoll empfinden. Solange sie in der Lage sind, sich eine rosige Zukunft auszumalen, solange ist ihr Lebenswille ungebrochen. Der spanische Cellist Pablo Casals soll auf die Frage, warum er mit 92 Jahren immer noch täglich Cello übe, geantwortet haben:»Ich glaube, ich mache Fortschritte.«

Ein positives Lebensgefühl ist die wirksamste Medizin zur Lebensverlängerung. Eine positive Einstellung zum Leben geht erfahrungsgemäß mit größerer Selbstsicherheit einher. Entsprechend gering ist die Anfälligkeit für Depressionen (Lehr 1982, S. 242). Selbst mit schwierigen oder unangenehmen Situationen haben positiv Gestimmte weniger Probleme. Sie beherrschen Lebenstechniken, die eine aktive Auseinandersetzung mit Problemsituationen (z. B. Partnerverlust, Pensionierung, Ausbruch einer Krankheit) begünstigen.

Meist handelt es sich um Personen, die von Geburt an ein positives Selbsterleben haben oder in einer solchen Atmosphäre aufgewachsen sind. Erbanlagen und Elternhaus, Erziehung und Bildung beeinflussen die positive Einstellung zum Leben am stärksten. Sie sind die beste Vorbereitung auf das Alter. Vorbereitungsseminare können die *lebenslange Prägung durch die eigene Biografie* kaum mehr ausgleichen. Aus den Biografien von über 100-jährigen Menschen geht beispielsweise eine durchgehend positive und humorvolle Einstellung zum Leben hervor. Die Fröhlichkeit dieser Menschen ließ sie sehr alt werden – und das Altwerden machte sie offenbar fröhlich (Vester 1978, S. 322). Lachen als Lebensprinzip baut Konfliktstress ab und steigert die Lebensfreude.

Eine lebensbejahende Einstellung ist ein Garant für Lebenszufriedenheit bis ins hohe Lebensalter. Das Selbstwertgefühl bleibt dadurch erhalten. Sich auf ein langes Leben vorbereiten, kann daher nur heißen: Frühzeitig eigene Positiv-Potenziale erkennen sowie *lebensbejahende Einstellungen* erfahren und trainieren. Das Ja zum Leben, auch zum Leben nach der Arbeit, ist erlernbar. Es macht jeden Lebensabschnitt zu einer Reise, an deren Ende ein neuer Anfang steht.

Die Sichtweise des Auslands »Wer in Deutschland scheitert, gilt als Versager« muss als das entlarvt werden, was es ist: ein Klischee. Auch bei uns kann jeder für sich eine positive Krisenkultur entwickeln. Und das kann auch heißen: Stolpern. Aufstehen. Weitermachen.

Veränderungen und belastende Situationen gehören nun einmal zum täglichen Leben. Sie müssen als Herausforderungen angenommen werden, bevor sie zum Notfall werden. In Japan gibt es ein Sprichwort, wonach die Menschen wenig von ihren Siegen, aber viel von ihren Niederlagen lernen. Daher gilt es: Turbulenzen im Leben standhalten, Krisen als Chancen wahrnehmen, bei denen man viel über sich selbst erfahren kann, sowie aktiv und offensiv nach Lösungen und Perspektiven Ausschau halten. *Dann geht es immer weiter!*

Im Übrigen sollten wir uns bewusst machen: Die ständig steigende Lebenserwartung kommt nicht von selbst. Sie hat viel mit dem wachsenden psycho-physischen Wohlergehen der

Menschen in den frühindustrialisierten Ländern zu tun, die nicht mehr um ihr Leben und Überleben bangen müssen. Positive Lebenseinstellungen sind im wahrsten Sinne des Wortes »gesund«, d. h. sie stärken nachweislich das Immunsystem und schütten geringere Mengen des Stresshormons Kortisol aus. Wer so lebt, steckt sich bei Krankheiten weniger leicht an und erholt sich bei Operationen schneller (Layard 2005, S. 37). Nicht nur der Körper, auch das gesamte Leben bekommt einen positiven Schub.

Ein gutes Lebensgefühl sorgt für das Zusammenwirken von Glück und Gesundheit und damit auch für ein längeres Leben. Das kann das private Glück in Partnerschaft und Familie genauso sein wie der berufliche Erfolg vom Aufstieg bis zur Anerkennung. Positive Langfristwirkungen bleiben dann nicht aus.

Das konnte unlängst am Beispiel von 750 Filmschauspielern nachgewiesen werden, die in den letzten Jahrzehnten für einen Oscar nominiert waren. Die Oscar-Gewinner lebten im Durchschnitt vier Jahre länger (Redelmeier 2001) als diejenigen, die ohne Oscar nach Hause gingen. Wer seine beruflichen Träume erfüllen kann, hat offensichtlich größere Chancen zur Lebensverlängerung.

6. Vertrauen als sozialer Kitt.
Die wichtigste Währung für die Demokratie

Wer kann wem noch trauen? Für drei Viertel der Deutschen (76 %) ist die Frage längst beantwortet: Sie vertrauen auf den Zusammenhalt der Gesellschaft und begreifen Vertrauen als sozialen Kitt.

»Vertrauen, Verantwortung und Verlässlichkeit zwischen den Menschen halten unsere Gesellschaft in Zukunft zusammen«: Von der Wirksamkeit dieser »3 V« sind die Frauen etwas mehr überzeugt (79 %) als die Männer (73 %). Den größten Vertrauensvorschuss gibt es auf dem Land (86 % – Großstadt: 73 %)

Jede Gesellschaft braucht für den sozialen Zusammenhalt ein Mindestmaß an Vertrauen – im zwischenmenschlichen Bereich genauso wie in der Politik, in den weltweiten Wirtschafts- und Handelsbeziehungen sowie im Arbeits- und Geschäftsleben, von der Mitarbeitermotivation bis zur Kundenbindung. Auch und gerade in der ganz privaten Kontaktpflege in Familie und Freundeskreis, Nachbarschaft und sozialem Netzwerk ist Vertrauen unverzichtbar. Vertrauen ist mehr als nur die negativ definierte Abwesenheit von Misstrauen.

Vertrauen fängt mit dem Selbstvertrauen an. Die Bundesbürger trauen der Politik immer weniger – und sich selbst und anderen immer mehr zu.

Es ist kein Zufall, dass mittlerweile zu den Top Ten der wichtigsten Erziehungsziele in Deutschland auch Vertrauen und Selbstvertrauen gehören und erst nachgeordnet Eigenschaften wie Kritikfähigkeit oder Durchsetzungsvermögen folgen. *Das Vertrauen gilt als die Antriebskraft des sozialen Lebens.* Gute soziale Beziehungen können für das menschliche Wohlbefinden wichtiger als materielle Güter sein. Dies lässt für die Zukunft hoffen: Das Vertrauen wächst in Deutschland wieder. Nachweislich nimmt mit dem Vertrauen auch das *Potenzial an Gemeinsinn und Gemeinschaftsfähigkeit* zu. Eine hoffnungsvolle Bilanz.

Andererseits: Die Bevölkerung glaubt den Institutionen in Wirtschaft, Politik und Gesellschaft immer weniger. Großes Vertrauen genießen nach wie vor Ärzte, Gerichte und Gesundheitsämter, während das Grundvertrauen der Bürger in die Glaubwürdigkeit und Autorität von Banken und Versicherungen, Kirchen und politischen Parteien zunehmend verloren geht. *Den institutionellen Vertrauensmangel gleichen die Bürger durch einen Vertrauensvorschuss im Nahmilieu wieder aus.*

»Wortbruch« galt in den letzten Jahren fast als Unwort in der Politik. Die Wähler hatten den Eindruck, dass das Vertrauen auf breiter Ebene schwindet, weil die Formel »wie versprochen – so gebrochen« Normalität zu werden drohte. Viele Menschen in Deutschland waren von den wirtschaftlichen und sozialen Versprechen der Politik enttäuscht. Sie verloren zunehmend das Vertrauen in die Glaubwürdigkeit von Politikern und Parteien, weil diese nach Meinung der Bevölkerung mehr am Machterhalt als am Wohl der Bürger interessiert waren. »Alle Macht geht vom Volke aus«, so sagt man. Wenn die Macht aber bei (Berufs-)Politikern ankommt, kehrt sie immer seltener zum Volk zurück. Macht macht gierig. Und was früher der Personenkult war, ist der *Machtkult in den Parteien* geworden.

Konrad Adenauer hat einmal die Machtgier einen »modernen Götzendienst« (Recklinghausen August 1948) genannt. Dem Götzen der Macht wird alles geopfert – Zeit, Geld, Glück und am Ende auch die Moral. Die Folgen sind absehbar. Die Glaubwürdigkeitskrise der Politiker droht zur Vertrauenskrise der Wähler zu werden. Dramatisch zugenommen hat der Anteil der Wähler, der glaubt, dass Politiker nicht mehr ehrlich sind und ihre Wahlversprechen meistens nicht halten (2002: 50 % – 2010: 90 %). Geradezu verdoppelt hat sich innerhalb eines Jahrzehnts der Anteil der Kritiker, der meint, dass Politiker heute »keine moralischen Vorbilder mehr« sind (2002: 42 % – 2010: 85 %). Das ist ein politisches Misstrauensvotum höchsten Grades. In der Welt der Politik dominieren die Eigeninteressen.

Vertrauensschwund bedeutet auch Legitimationsschwund. Wenn beispielsweise mehr Bürger nicht zur Wahl gehen als die größte Partei Stimmen bekommt, dann ist die Wahl keine demokratisch legitimierte Wahl mehr, weil die Partei der Nichtwähler stärker als jede andere gewählte Volkspartei ist.

Geht dann nicht die demokratische Legitimation für die Parteien und den Parteienstaat verloren? Aus der Sicht der Bevölkerung gibt es nur zwei Lösungsansätze, wie wir wieder aus dem Dilemma von Politikerverdrossenheit und Parteienkrise herauskommen: Erstens, die Macht zurückverlagern und »viel mehr Volksabstimmungen« (78 %) durchführen. Und zweitens, »sich selbst mehr helfen und nicht alle Probleme einfach dem Staat überlassen« (62 %). Mehr Volksentscheide und mehr Selbsthilfe: Das ist die konkrete Antwort der Bevölkerung auf die Krise der Demokratie.

7. Honorierung gemeinnütziger Tätigkeiten. Lob oder Lohn als Anerkennung

Freiwillige Helfer wollen sich nicht länger vereinnahmt, ausgenutzt und ausgebeutet fühlen, wenn sie sich ehrenamtlich engagieren. Immer öfter wird in den letzten Jahren über »Honorierungen« nachgedacht – in welcher Form auch immer. Drei Viertel der Bevölkerung in Deutschland (76 %) vertreten daher die Auffassung: »Freiwillige ehrenamtliche und gemeinnützige Tätigkeiten sollten in Zukunft durch *Aufwandsentschädigungen und Steuererleichterungen* gefördert und honoriert werden.« Die mittlere Generation der 30- bis 39-Jährigen setzt sich besonders vehement dafür ein (80 %). Dabei handelt es sich um die sogenannte *Sandwich-Generation*, die sich von den familiären, beruflichen und sozialen Anforderungen geradezu erdrückt fühlt: Sie ist für andere da, arbeitet für andere und investiert in andere – von der Kinderbetreuung über die Altenpflege bis zu sozialen Engagements in Nachbarschaft, Schule, Verein und Gemeinde.

Wie kann dennoch eine *Kultur des Helfens* in einer weitgehend individualisierten Gesellschaft gefördert und gestärkt werden? Wie kann unbezahltes soziales Engagement für eine konsumorientierte und materialistisch eingestellte Gesellschaft attraktiv werden? Der Mensch lebt nicht vom Brot allein. Und: Auch Geld allein macht nicht glücklich. Unbezahlte freiwillige Tätigkeiten stellen eine wichtige Lebensaufgabe dar – auch jenseits von Konto und Karriere. Jeder Mensch braucht eine Aufgabe über alle Lebensalter hinweg. Das ist schließlich *Lebensgestaltung mit Sinn (und nicht nur gegen Geld)*. Immer vorausgesetzt, dass das übrige Ein- und Auskommen gesichert ist.

Es ist daher kein Zufall, dass z. B. die Besserverdienenden die Wichtigkeit einer solchen unbezahlten Tätigkeit stärker betonen als etwa die Bezieher unterer Einkommen. Soziales Engagement mündet in eine Sinnfrage des Lebens: *Es tut gut, gebraucht zu werden.*

Wenn *Ehren* und *Amt* keine Worthülsen sein und wirklich etwas bedeuten sollen, dann müssen *freiwillige Helfer (»Volontäre«)* auch das Gefühl vermittelt bekommen, dass sich Aufwand und Mühe für soziales Engagement wirklich *lohnen*. Das kann eine Auszeichnung in der Öffentlichkeit, eine Ehrung, eine Ehrentitel- oder Ordensverleihung oder eine vorübergehende Freistellung in Schule, Ausbildung und Beruf (z. B. durch gesetzlichen Anspruch auf Sonderurlaub) sein. Auch materielle Honorierungen sind – zumindest übergangsweise – in Erwägung zu ziehen: vom Steuerfreibetrag und der Verdienstausfallregelung über finanzielle Vergünstigungen bei der

Benutzung öffentlicher Verkehrsmittel bis zum freien Eintritt in öffentliche Kultureinrichtungen (z. B. Museen).

> Wer als Übungsleiter im Sportverein tätig ist, in der Freiwilligen Feuerwehr mitarbeitet, sich bei Greenpeace engagiert, ehrenamtlich Gewerkschafts- oder Gemeindearbeit leistet oder Pflegedienste in der Familie oder in der Nachbarschaft übernimmt, sollte materiell oder immateriell honoriert werden. Finanzielle Anreize für ein soziales Engagement sollten nicht die Regel werden, müssen aber andererseits geschaffen werden, damit Freiwilligenarbeit nicht auch noch bestraft oder benachteiligt wird.

Geben beispielsweise Familienmitglieder ihren Beruf zugunsten eines pflegebedürftigen Menschen auf, wie dies oft bei Frauen der Fall ist, dann müssen sie weiter renten-, kranken- und unfallversichert bleiben. Wer heute Geld für gute Zwecke spendet, bekommt vom Staat steuerliche Vorteile eingeräumt. Folgerichtig müsste es in Zukunft heißen: *Wer freiwillig soziale Dienste für die Gemeinschaft leistet, muss auch steuerlich entlastet werden.*

Mehr Belastung als Honorierung.
Engagement im Verein: Nicht getadelt ist gelobt genug
»Ich stimme Ihnen in allen Feststellungen zu. Lediglich einen Aspekt haben Sie außer Acht gelassen: Die steuerlichen Belastungen der Vereinsarbeit, hohe Haftpflichtversicherungsbeiträge und GEMA-Gebühren, die den Verein so stark belasten, dass sogar eine geringfügige Bewirtung in einer Weihnachtsfeier, Danksagung oder Ehrung mit einem kleinen Geschenk oder ein Vereinsausflug jedes Vereinsleben hemmen oder an der Wurzel berühren. Jede Mitarbeit im Verein endet in staatlicher Undankbarkeit ...«
J. E.
(Leserstimme zum Interview des Autors in der AUGSBURGER ALLGEMEINEN vom 12. April 2014)

Das freiwillige Engagement ist in Deutschland zwischen Ehre und Amt, Idealismus und sozialer Pflicht angesiedelt. Im Unterschied zum käuflichen Konsum, der Spaß sofort verspricht, muss die Freude am Ehrenamt erst durch eigene Leistungen »erarbeitet« werden. Eigeninitiative und Verantwortungsbewusstsein gehören immer dazu. Dafür vermittelt die ehrenamtliche Tätigkeit aber auch *besondere Erfolgserlebnisse* wie z. B. die Freude, anderen helfen zu können, oder der Stolz über eigene Einflussmöglichkeiten.

Wer beispielsweise die Jugend mehr für die Übernahme sozialer Aufgaben gewinnen will, muss in Ansprache und Werbung andere Akzente setzen:

- *Männliche Jugendliche* finden es besonders gut, dass sie bei der Freiwilligenarbeit Menschen treffen, Freunde gewinnen und persönliche Erfolgserlebnisse haben können.
- *Weibliche Jugendliche* betonen mehr die Hilfeleistung mit Ernstcharakter sowie die mögliche Erweiterung ihrer eigenen Lebenserfahrung. Dann macht ihnen die unbezahlte Freiwilligenarbeit auch wirklich Spaß.

Auffallend ist, dass der Aspekt der sozialen Anerkennung bei allen Bevölkerungsgruppen nicht im Vordergrund steht. Nur wenige glauben daran, dass ehrenamtliches Engagement soziale Anerkennung »bringt«. Vor allem die Jugendlichen geben sich in dieser Hinsicht keinen Illusionen hin. Im Vergleich zu allen anderen Bevölkerungsgruppen sind sie am wenigsten davon überzeugt, dass Freiwilligenarbeit durch soziale Anerkennung honoriert werden kann. Die Folgen bleiben nicht aus:

Immer weniger Menschen in Deutschland sind bereit, sich unentgeltlich für andere oder für etwas zu engagieren, wenn sie nicht »honoriert« werden. Ohne Lob oder Lohn läuft kaum eine soziale Leistung mehr.

Anders als in den Sechziger- bis Neunzigerjahren gibt es heute und in Zukunft *keine Jobsicherheit mehr*. Wer will sich schon in unsicheren Zeiten dauerhaft binden oder abhängig machen? Der Arbeitgeber nicht und der Arbeitnehmer auch nicht. Jeder will sein zeitliches Engagement selbst bestimmen. In einer individualisierten Gesellschaft gleicht die unbezahlte freiwillige Mitarbeit in sozialen Organisationen mehr einem *sporadischen Engagement*, um weiterhin frei und flexibel bleiben zu können. Die Helfer wollen sich nicht längerfristig verpflichten – mit gutem Grund: Schließlich haben viele das Gefühl, beim sozialen Engagement ausgenutzt zu werden.

In Zukunft droht kein soziales Analphabetentum, eher ein berechnender egoistischer Altruismus, bei dem die neuen Helfer das Warum, Wofür und Wie lange ihres Tuns selbst bestimmen. Die vielen freiwilligen Helfer werden eine neue Kultur des Gebens und Nehmens entstehen lassen. Aber kaum ein Helfer wird sich noch lebenslang engagieren wollen.

Sich engagieren heißt handeln, aktiv und tätig sein. In Zukunft gilt: Sich engagieren ist Ehrensache (und weniger ein Ehrenamt). Es tut gut, etwas Sinnvolles zu tun – für sich und andere. Die Zukunft gehört interessierten Helfern, die *mehr in Initiativen als in Institutionen tätig* sind: Sie kochen für Obdachlose, pflegen kranke Kinder, melden sich am Kindertelefon, betreuen gefährdete Jugendliche, kümmern sich um Menschen in Asylbewerberheimen, organisieren Nachbarschaftshilfen oder machen beim Senior-Experten-Service mit – solange es ihnen gefällt.

Die *Individualisierung des Sozialen* nimmt mitunter Züge von Beliebigkeit an. Denn für alles und jedes gibt es eine Interessenvereinigung. Die Zahl der eher kleineren Einsparten-Vereinigungen (ehemals »Vereine«), die sich in das Vereinsregister eintragen lassen, wird in Zukunft mehr zu- als abnehmen – vor allem in Großstädten und Ballungszentren. Allein in Hamburg entstehen jährlich über 500 solcher Vereinigungen: vom »Internationalen Kutscher Treff« bis zum Motorradclub »Kuhle Wampe«, vom Sportclub »Cricket Club Pak Alemi« über die »Freunde des Tierparks Hagenbeck« bis zur studentischen Vereinigung »Gemeinsam statt Einsam«. Kein Thema ist zu exotisch, als dass es nicht in eine satzungsmäßige Organisation umgewandelt werden könnte. Mit der Themeninflation nimmt auch die Austauschbarkeit der Mitglieder zu. Alles wird individualisiert. Am Ende kann es heißen: *Der Verein bin ich!*

Ende der Sechzigerjahre warnte der Psychoanalytiker Erich Fromm vor einer zweifachen Bedrohung des modernen Menschen: Die Vernichtung durch Krieg und die *innere Leblosigkeit durch das Passivsein des Menschen*. Eine der Grundvoraussetzungen menschlichen Wohlergehens sei es, aktiv zu sein, also alle seine Fähigkeiten produktiv auszuüben. In Zukunft muss die drohende Passivierung des Menschen aufgehoben werden – sonst kann es passieren, dass ein paar Privilegierte intensiv arbeiten, die Mehrheit aber mehr mit ihrer eigenen Lebensbewältigung beschäftigt ist.

Die Menschen müssen mehr außerberufliche Gelegenheiten bekommen, aktiv an den Aufgaben und Problemen der Gesellschaft teilzunehmen. Neben der passiven Konsumkultur muss eine aktive Gemeinschaftskultur treten, in der sich die Menschen stärker als bisher in den Dienst sozialer Belange stellen können. Diese sozialen Aufgaben sollten so attraktiv sein, dass die Bürger freiwillig und mit Freude dabei sind.

Freiwillige Non-Profit-Dienste müssen durch neue Status- und Prestigesymbole gesellschaftlich aufgewertet werden. Wenn die Freiwilligenarbeit wirklich den Charakter einer Zweitkarriere bekommen soll, kann sie nicht nur dem Zufall oder der Spontaneität überlassen bleiben. Damit sie die entsprechende gesellschaftliche Anerkennung erlangt, müssen sich soziale Volontäre *in Kursen weiterqualifizieren* können. Nicht immer reicht die eigene Lebenserfahrung, um Mitmenschen in schwierigen Lebensphasen zu begleiten – von der Gesprächsführung bis zum Zuhören-Können. Nur über begleitende Qualifikationskurse kann das soziale Engagement eine gleichwertige Ergänzung (nicht Alternative) der professionellen Arbeit sein.

Freiwillige, die gemeinnützige Tätigkeiten ohne Lohn leisten (= Soziale Volontäre), müssen in Zukunft professionell beraten und vermittelt werden. Dazu brauchen wir *Volontariatsdienste* (wie z. B. Benevol in der Schweiz oder die Freiwilligenzentralen in den Niederlanden), die organisatorische Hilfen geben. Freiwillige sollen die Tätigkeiten ausüben, die bisher weder von der Privatwirtschaft noch vom Öffentlichen Dienst hinreichend wahrgenommen werden. Freiwilligenarbeit könnte sich so zu einer neuen Säule des Sozialstaats entwickeln – zu einem Treffpunkt Hilfsbereitschaft zur Wiederbelebung des Gemein- und Bürgersinns.

Die neuen *Freiwilligenbörsen* auf regionaler Ebene in allen Teilen Deutschlands sind ein Schritt in diese Richtung. Dazu gehört auch die Ende der Neunzigerjahre gegründete Nationale Freiwilligenagentur, die Bürger auf der Suche nach einem Ehrenamt anrufen und sich auch dort beraten lassen können (z. B. in Versicherungs- und Steuerfragen).

Damit wir keine Gesellschaft von Einzelgängern werden, die nur ihren egoistischen Interessen nachgehen, müssen wir das Bewusstsein für Gemeinsinn so stärken, dass eines Tages die Ausübung eines sozialen Engagements genauso prestigeträchtig ist wie der Erwerb eines kost-

spieligen Konsumartikels. Beides muss schließlich »verdient« werden
– entweder durch Arbeit oder durch gute Werke im Dienste der Gemeinschaft.

Das lange Leben kann doch erst dann ein sozialer Fortschritt sein, wenn wir auch bereit sind, einen *Teil der geschenkten Zeit* sowohl in die Erhöhung der persönlichen Lebensqualität als auch in die Verbesserung der sozialen Lebensbedingungen zu *reinvestieren*. Dazu aber bedarf es gesellschaftlicher Anreize durch die Politik.

Vielleicht heißt Solidarisierung in Zukunft einfach nur: mehr Gemeinsamkeit (und weniger Egoismus). Von dem hohen Solidaritätsideal werden wir uns wohl verabschieden müssen. Jenseits von Mutter Theresa und Albert Schweitzer entwickelt sich in Zukunft eine *kalkulierte Hilfsbereitschaft* – pragmatisch, praktisch, einfach gut. Die Helfer können im Einzelfall auch hilfsbereite Egoisten sein, die aufeinander angewiesen sind.

Solidarität entwickelt sich wieder zu dem, was sie ursprünglich in der europäischen Arbeiterbewegung des 19. Jahrhunderts einmal war: Zu einer Erfahrung des Aufeinander-Angewiesenseins, bei der sich Eigen- und Gemeinnutz miteinander verbinden und weniger eine Frage von Pflicht und Moral, Fürsorge und Nächstenliebe sind.

Mehr Bestand und Verlässlichkeit könnten Hilfsbereitschaft und Solidarisierung erst dann bekommen, wenn sie gesellschaftlich aufgewertet und entsprechend anerkannt und honoriert würden.

8. Soziale Konvois als Wegbegleiter. Altwerden mit Familie und Freunden

Von dem Generationenzusammenhalt auf privater Basis profitieren bisher primär Generationen mit familialen Netzwerken. Alle anderen (insbesondere Singles und Kinderlose) müssen schauen, dass sie im Laufe ihres Lebens verlässliche nicht verwandte soziale Netze knüpfen und lebenslange Wegbegleiter (= »Soziale Konvois«) finden. »*Soziale Konvois*« sind nur hilfreich, wenn sie generationsübergreifend angelegt sind und Zusammensein (z. B. im Verein) und Zusammenwohnen (z. B. im Mehrgenerationenhaus) ermöglichen. *Soziale Konvois als lebenslange Wegbegleiter* werden auch und gerade inmitten einer mobilen und schnelllebigen Welt unverzichtbar.

Soziale Konvois können sich spontan bilden, aber genauso gut eine Folge rationaler Überlegungen sein – als Helfer in der Not und dies ein Leben lang: Verwandte sozial unterstützen und betreuen, Freunden beim Umzug helfen oder in Notsituationen helfen und jederzeit zur Nachbarschaftshilfe bereit sein. Das rechnet sich – und zahlt sich aus. Drei von vier Bundesbürgern (75 %) stehen heute schon regelmäßig »Verwandten, Freunden und Nachbarn öfter für Hilfeleistungen zur Verfügung«. Insbesondere Familien mit Kindern wissen die gegenseitige Hilfsbereitschaft zu schätzen (80 %) – vom Fahrdienst über die Aufsicht der Kinder bis zu Homesitter-Diensten.

Bei den vielfältigen Anforderungen des Lebens zeichnen sich soziale Konvois vor allem durch Verlässlichkeit aus. Sie sind als Problemlöser des Alltags hilfreich – vor allem im Nachbarschaftsbereich mit einem besonderen Nebeneffekt: Je mehr Nachbarn sich mit Vornamen kennen, desto sicherer ist die Wohngegend.

Dabei ist es auf dem Land offensichtlich leichter (81 %), Partner für das soziale Hilfenetz zu finden, als in der Großstadt (69 %). Nachbarn, Freunde und Bekannte werden als *soziale Netzwerkpartner* immer wichtiger. Obwohl diese Kontakte freiwillig eingegangen werden, also jederzeit aufkündbar sind, zählen sie zu den stabilsten Beziehungen im Lebenslauf. Sie haben langjährige Bedeutung – vor allem, wenn ihnen gemeinsame Aktivitäten und Interessen zugrundeliegen. Soziale Konvois übernehmen in der Regel keine Pflegeleistungen. Aber sie tragen durch ihre *Besuchs- und Betreuungsleistungen* wesentlich zur Verbesserung der Lebensqualität bis ins hohe Alter bei.

Soziale Konvois sind generationenübergreifend angelegt. Aus den regelmäßigen Kontakten wird ein beziehungsreiches Aufeinander-angewiesen-und-füreinander-da-Sein. Diese neue Beziehungsqualität schließt spontane Telefonate ebenso ein wie regelmäßige Besuchskontakte sowie materielle und immaterielle Unterstützungsleistungen. Freundschaft zwischen den Generationen wird zu einer neuen Beziehungsqualität – auch über größere räumliche Entfernungen hinweg. Befreit von der Erziehungs-, Betreuungs- und Pflegelast, werden soziale Konvois zu Verlässlichkeitspartnern.

Lebensgemeinschaft wird in Zukunft neu definiert. Wahlfamilien und Wahlverwandtschaften werden als soziale Konvois immer wichtiger. Vertrauensverluste auf breiter Ebene in Politik, Wirtschaft und Gesellschaft lassen den Ruf nach einer neuen Kultur der Verlässlichkeit immer lauter werden.

Nicht zufällig stehen beim Gedanken an die eigene Zukunft bei den Deutschen zwei Werte obenan: Freundschaft und Verlässlichkeit führen die persönliche Werteskala an – dicht gefolgt von Hilfsbereitschaft. Der traditionell hohe Wert der persönlichen Freiheit wird im Vergleich dazu fast nachrangig eingeschätzt. *Soziale Tugenden befinden sich im Aufwind*; dabei steht Freundschaft einsam an der Spitze. Auf Freunde kann man bauen, auf Freunde ist Verlass.

In satten Wohlstandszeiten mag die Vielzahl der Freunde ein Prestigefaktor gewesen sein. In schwierigen wirtschaftlichen Zeiten dagegen, in denen die Wohlstandssteigerung infrage gestellt und die Erhaltung des Lebensstandards nicht mehr sicher ist, kommt es wieder auf die Stabilität und Intensität echter Freundschaften an. Drei Viertel (74 %) der Bevölkerung (Verheiratete: 71 % – Singles: 84 %) geben unumwunden zu: »Meine Freunde sind für mich eine Art zweite Familie; sie sind immer da, wenn man sie braucht.« Freunde werden wieder gebraucht. Sie können und müssen im Einzelfall die Familie ersetzen. So ist auch die konkrete Empfehlung von jedem zweiten Bundesbürger zu verstehen, sich »frühzeitig um nicht verwandte Wahlfamilien zu kümmern« (55 %).

> Wer Sicherheit und soziale Geborgenheit sucht, kann dies nicht mehr dem Zufall überlassen. Und wer familien-, kinder- und enkellos lebt, ist mit zunehmendem Alter darauf angewiesen, Freunde als Wahlfamilie zu gewinnen.

Bis ins hohe Alter Verantwortung für das eigene Befinden tragen und sich weitgehend selber helfen können, um anderen nicht zur Last zu fallen: Das wird die *neue Solidarität im 21. Jahrhundert* sein. In Zukunft ist mehr bescheideneres Wohnen mit sozialer Lebensqualität als komfortableres Wohnen mit sozialer Isolation gefragt. Wer will schon in einem teuren Penthouse am See wohnen, wenn niemand kommt und einen besucht?

Mitten in der aufgeregten öffentlichen Debatte über die schulische Vermittlung traditioneller Werte meldete sich einmal eine 13-jährige Schülerin aus dem Norden Londons in der

Zeitung *Independent* zu Wort und machte klar, wie sehr sich inzwischen familiäre Traditionen verändert haben: »Wenn die Regierung glaubt, man müsse zu den alten Werten und der traditionellen Familie zurückkehren, dann glaubt sie etwas anderes als die Leute. Ich habe zwei Mamas und zwei Papas, eine Menge Brüder und Schwestern, aber keiner von ihnen ist es eigentlich wirklich. Sie sind alle *Halb-Irgendwas* und *Stief-Irgendwas* und ein bisschen dies und ein bisschen das. *Und ich liebe sie.* Wenn Politiker die Liebe der Familie so betonen, dann sage ich, man sollte ebenso viele Eltern haben wie physisch nur möglich. Jeder, den man zur Familie zählt, ist Familie. *Auch Freunde können Familie sein*« (Handy 1998, S. 77 f.).

Man mag diesen erweiterten Familienbegriff mögen oder nicht: In der westlichen Welt wird er Wirklichkeit. Und Familien – in welcher Form auch immer – spielen eine zunehmend größere Rolle im Leben, ja werden geradezu der moralische Halt des Gemeinwesens und der soziale Kitt unserer Gesellschaft. Familienmitglieder akzeptieren Regeln und Werte, ohne die sich die Gesellschaft auflösen würde. Bereits im 2. Jahrhundert n. Chr. hatten einzelne Adlige Angehörige eines anderen Adelsgeschlechts adoptiert, um so den Fortbestand der Familie und des Adelsgeschlechts zu sichern. Römische Kaiser von Trajan bis Mark Aurel gelangten auf dem Weg über die Adoption zur Herrschaft.

Auch im 21. Jahrhundert entstehen durch Hausgemeinschaften und soziale Konvois neue Wahlfamilien. Enkel-, Kinder- und Familienlose werden wie durch Adoption als Wahlverwandte aufgenommen.

Die Wahlverwandtschaft kann beinahe die gleiche Bedeutung wie die Blutsverwandtschaft bekommen. Es entwickeln sich Beziehungsverwandtschaften. So ist es auch kein Zufall, dass in den letzten Jahren das Motiv »Freunde gewinnen« bei der Frage, was zu sozialem Engagement motiviert, immer bedeutsamer wurde. Was nach Meinung der Bevölkerung hauptsächlich »für« eine unbezahlte freiwillige Mitarbeit in sozialen Organisationen und Institutionen spricht, ist die Chance, Menschen zu treffen und neue Freunde zu gewinnen.

> Mehr Lebensfreu(n)de durch soziales Engagement. So lässt sich die wachsende Attraktivität des Bürgerengagements erklären. Für andere etwas tun, »macht wirklich Spaß« und bringt zusätzliche soziale Anerkennung. Beim gemeinsamen Tun mit Gleichgesinnten werden »Freunde für's Leben« gesucht und vielfach auch gefunden.

Zugleich entdecken die Deutschen den Wert der Nachbarschaft wieder, weil sie zunehmend aufeinander angewiesen sind. Und wer im eigenen Haus wohnt, auf dem Land lebt und mit zunehmendem Alter auf Unterstützung angewiesen ist, weiß dies besonders zu schätzen. *Zusammenhalt durch Zusammenrücken: Das Comeback der guten Nachbarn sorgt für Sicherheit im Alltag.* Insbesondere Alleinstehende und Alleinlebende wissen gute Nachbarschaftsbeziehungen zu schätzen. Ohne den Rückhalt von Familienangehörigen in Haus und Wohnung sind sie auf die Hilfe der Nachbarn angewiesen.

> Freunde und Nachbarn agieren als soziale Konvois nach dem Prinzip: Mir wird geholfen, wenn ich auch anderen helfe.

Goethes Erfahrung im Faust II, »Wer will jetzt seinem Nachbarn helfen? Ein jeder hat für sich zu tun«, bestätigt sich nicht. *Den guten, netten und hilfsbereiten Nachbarn gibt es, wenn man etwas dafür tut.* In Wissenschaft und Forschung gilt »Nachbarschaft« als ein vielstrapazierter Begriff. Meist ideologisch überfrachtet soll er für den Ausgleich struktureller Defizite im modernen Wohnungs- und Städtebau herhalten: Nachbarschaftliche Kontakte entstehen durch Nebeneinanderwohnen, durch Begegnungen im Flur, auf der Treppe oder vor der Haustür, im Hof oder Garten, im Austausch von Begrüßungsformeln und Neuigkeiten, beim Einkaufen im Laden oder beim Spaziergang auf der Straße. Nachbarschaftliche Kontakte entstehen aber gleichermaßen aus Konflikten, aus Ärger und Streit. Kinder und Lärm sind ebenso Ursachen nachbarschaftlichen Ärgers wie Neid, üble Nachrede und Gehässigkeiten, Einmischen in private Angelegenheiten oder aufdringliches In-den-Kochtopf-Gucken.

Bisher wurde Lebensqualität daran gemessen, ob die Wohnung maximale Abgeschiedenheit, Sicherheit (vor Eindringlingen), Schutz (vor Nachbarblicken) und Reizarmut (keine Kinder in der Nähe, gute Geräuschisolierung) gewährt und garantiert. Als Ersatz für die Abriegelung nach außen galt der Konsumreichtum von innen: Die Wohnung wurde zur Konsumfläche umgestaltet. Der kleinfamiliäre Privatismus regierte. *Die Wohnung hatte bisher weitgehenden Inselcharakter, der jetzt zunehmend verloren geht.*

9. Eltern als Doppelverdienerfamilie. Die Normalität von morgen

Der Ruf nach möglichst kostenloser Kinderbetreuung wird immer lauter. Dies ist nur auf den ersten Blick Ausdruck einer vermessenen Anspruchsrevolution. In Wirklichkeit *müssen immer mehr Eltern mit der Doppelverdienerrolle leben,* weil sie sonst nicht über die Runden kommen und ihren erarbeiteten Lebensstandard nicht halten können. 81 % der Familien mit Kindern (übrige Bevölkerung: 73 %) vertreten die Auffassung: »Damit Eltern einer beruflichen Tätigkeit nachgehen und für ihr Einkommen selber sorgen können, sollte die Kinderbetreuung in Kindergärten und Kindertagesstätten grundsätzlich kostenlos sein.« Wichtig ist dabei der Hinweis: Eltern wollen für ihr Einkommen selber sorgen, um dem Staat nicht zur Last zu fallen.

Zurzeit zeichnet sich ein grundlegender Paradigmenwechsel in der Einstellung zum Berufsleben ab. Aus dem Alleinverdiener-Leitbild wird das Doppelverdiener-Ideal.

Über zwei Drittel (67 %) der Bevölkerung finden es geradezu ideal, wenn in einer Familie beide Partner berufstätig sind (Ipsos 2013). Fünf Jahre zuvor lag der Anteil der Befürworter lediglich bei 56 %. Wenn dieser Trend so anhält, werden im Jahr *2030 über 80 % der Berufstätigen Doppelverdiener* sein. Die Doppelverdienerfamilie wird dann Normalität werden.

In wirtschaftlich unsicheren Zeiten sind beide Partner *auf das Geld angewiesen*, um eine Familiengründung wagen und eine Familie finanzieren zu können. In gleichem Maße, wie der Anteil der Befürworter einer Doppelerwerbstätigkeit von Mann und Frau wächst, sinkt die Bereitschaft der Bevölkerung, wegen der Kinder auf die eigene Berufstätigkeit zu verzichten. Noch 2008 vertrat die überwiegende Mehrheit der Bundesbürger (70 %) die Auffassung, dass es besser sei, wenn nur »ein Elternteil arbeitet« und »der andere« die Erziehung der Kinder übernimmt. 2013 war der Anteil deutlich auf 51 % gesunken. Jeder zweite Bundesbürger *will nicht mehr ohne eigene Erwerbstätigkeit mit den Kindern allein zu Hause bleiben*.

Der Paradigmenwechsel in der Kinderbetreuung hat in Deutschland längst begonnen. Vier von zehn Bundesbürgern (40 %) fordern bereits: »Kinder aller Altersgruppen sollten zukünftig das *ganze Jahr über* ganztags in Kindergärten betreut werden.« Wird erfolgreiche Familienpolitik in Zukunft an der Zahl von Betreuungsplätzen gemessen? Die Gefahr besteht, dass Artikel 6 Absatz 2 des Grundgesetzes teilweise außer Kraft gesetzt wird, wenn die Erziehung der Kinder nicht mehr als die ›*zuvörderst obliegende Pflicht*‹ der Eltern gilt. Die Kinderbetreuung wird in Zukunft *mehr eine Qualifikations- als eine Platzfrage* sein. Wegen des Mangels an qualifizierten Erziehern besteht heute schon die Tendenz, fachfremdes Personal einzusetzen (wie z. B. Hebammen in Baden-Württemberg). In naher Zukunft wird es erhebliche Personalengpässe geben. Hier muss die Wirtschaft zu Hilfe kommen.

Unternehmen werden in naher Zukunft ebenso flexibel wie offensiv auf den demografischen Wandel reagieren müssen, wenn sie nicht ein Opfer chronischen Fachkräftemangels werden wollen. Drei Viertel der Berufstätigen in Deutschland (75 %) erwarten mittlerweile von den Unternehmen *Firmenkindergärten*, damit die Betreuung der Kinder gewährleistet ist (berufstätige Frauen: 79 % – berufstätige Männer: 71 %).

Wer den sich abzeichnenden Fachkräftemangel wirksam beheben will, wird sich in Zukunft bei potenziellen Mitarbeitern regelrecht »bewerben« und neue qualitative Anreize »bieten« müssen, in denen es um Lebensqualität und nicht nur um mehr Geld geht.

Über die *Vereinbarkeit von Betriebs- und Familienpolitik* muss neu nachgedacht werden. Arbeits- und Lebenszeiten müssen mehr aufeinander abgestimmt und in ein Gleichgewicht gebracht werden. Intensiven Arbeitsphasen stehen gleichwertig intensive Familienphasen gegenüber, die miteinander koordiniert und nicht gegeneinander ausgespielt werden. Davon profitieren schließlich beide Seiten. So bleibt genügend »Vollzeit« für Phasen außergewöhnlicher beruflicher Leistungsanforderung, aber auch Gelegenheit für Teil- und

Auszeiten zur Familiengründung und Kindererziehung. In einer Rund-um-die-Uhr-Gesellschaft des langen Lebens wird in Zukunft beides möglich und akzeptabel sein müssen.

Schon bald wird es in Wirtschaftskreisen heißen: Frauen verzweifelt gesucht! Vor allem an zentralen Schaltstellen in Unternehmen mangelt es dann an weiblichen Spitzenkräften – mit oder ohne gesetzliche Frauenquote.

Frauen in Vorständen großer Unternehmen machen bisher in Deutschland gerade einmal etwa 13 % aus. Der Frauenanteil in norwegischen Führungsgremien ist fast dreimal so hoch (32 %). Während sich Politiker und Parteien noch über Betreuungsgeld und Kitaplätze streiten, sind die Familien in Deutschland schon einen Schritt weiter: *»Papa geht zur Arbeit – Mama auch.«* Doppelverdiener heißt das neue Familienideal. Wie lässt sich dieser grundlegende Einstellungswandel erklären? Für den *Paradigmenwechsel* sind mehrere Ursachen verantwortlich zu machen:

• **Das persönliche Sicherheitsdenken**
Die Verunsicherung der Bevölkerung hat auf breiter Ebene zugenommen. Um die persönlichen Unsicherheiten und das »Wagnis Familie« in Grenzen zu halten, werden die Lebensrisiken auf die Schultern beider Partner verteilt. Der Doppelverdienerhaushalt sorgt für ein doppeltes Sicherheitsnetz.

• **Der öffentliche Meinungsdruck**
»Man« (= Frau und Mann) »muss« heute doppelt belastbar sein und Beruf und Familie, Karriere und Kind miteinander vereinbaren können. Das sagt der Zeitgeist. Diesem öffentlich propagierten Mainstream in Medien und Öffentlichkeit können sich die moderne Frau und der moderne Mann kaum mehr entziehen. Wer sich nicht der »Inquisition« von Freunden,

Nachbarn und Kollegen aussetzen will, muss doppelt – beruflich und privat – erfolgreich sein.

- **Die gesellschaftliche Notwendigkeit**
  Wirtschaft und Politik ziehen an einem Strang und wollen nicht länger auf die weiblichen Talente im Arbeitsleben verzichten. Sie fordern und fördern die Vereinbarkeit von Beruf und Familie – von der Flexibilisierung der Arbeits- und Familienzeiten über die flächendeckende Versorgung mit Kinderbetreuungseinrichtungen bis zu Firmenkindergärten mit garantierter Arbeitsplatznähe. Zugleich nehmen sie in der öffentlichen Diskussion Einfluss auf das »Leitbild Familie« und werten die Doppelerwerbstätigkeit als ökonomische und soziale Bereicherung auf.

Wirtschaft und Politik ziehen an einem Strang. Für beide rechnet sich die Frauenerwerbstätigkeit: Die Wirtschaft kann mangels Nachwuchs nicht mehr auf die Frauen verzichten. Und die Politik freut sich über zusätzliche Steuern und Sozialabgaben, braucht also keine Transferleistungen mehr zu zahlen. Schon nach einem Jahr – so zeigen Erfahrungswerte (Prognos 2012) – *rechnet sich jeder Kita-Platz volkswirtschaftlich.*

Vielleicht ist es nicht mehr weit bis zu dem Tag, an dem Staat und Politik die »Lufthoheit über die Kinderbetten« (Olaf Scholz/SPD) erobern, während sich die Eltern immer mehr von der Hauptverantwortung für die »Betreuung« zurückziehen und auch die Altenbetreuung wie einen Wanderpokal an den »Sozial«staat weiterreichen. Und vielleicht stärkt eines Tages auch das Bundesverfassungsgericht die Betreuungspflicht des Staates, wonach Kinder und Senioren »*prioritär staatlich betreut werden müssen*«.

Hinzu kommt: Immer mehr Kinder in Deutschland wachsen bei nur einem Elternteil auf (meist bei der Mutter). *Der Anteil Alleinerziehender wächst stetig.* Vor allem für die etwa 1,6 Millionen Alleinerziehenden mit minderjährigen Kindern ist der weitere Kita-Ausbau zwingend erforderlich. Auch mental muss sich Grundlegendes in Deutschland verändern. Während beispielsweise die Ganztagsbetreuung in Frankreich ebenso problem- wie konfliktlos auf breite Akzeptanz stößt, müssen berufstätige Mütter in Deutschland noch immer mit Schuldgefühlen (»Rabenmütter«) und schlechtem Gewissen leben.

Wenn Vereinbarkeit von Beruf und Familie wirklich ernst gemeint ist, dann muss es in Zukunft beiden Elternteilen möglich sein, gleichermaßen familiär verantwortlich und beruflich erfolgreich zu sein. Nicht die Alternative Kind oder Karriere, sondern das Gleichgewicht von Beruf und Familie ist die Problemlösung für die Zukunft.

In den letzten Jahren blieb fast jede dritte Frau mit Hochschulabschluss kinderlos. Jetzt deutet sich eine Trendwende an. Junge Akademikerinnen, die im Prüfungsstress steckten oder sich am Anfang ihrer Berufskarriere keine Zeit für die Familiengründung nahmen, bekommen *plötzlich wieder Kinder* oder holen ihren Kinderwunsch nach. Das Frankfurter Bundesinstitut für Bevölkerungsforschung wies 2012 erstmals einen deutlichen Anstieg an sogenannten »*nachholenden Geburten*« bei den über 34-jährigen Müttern nach. Vieles deutet darauf hin, dass der Abwärtstrend der Geburtenrate gestoppt und der historische Tiefstand überwunden wird.

Andererseits: *Sind Krippen nur Krücken?* Kritiker und Kläger gegen das Betreuungsgeld und für mehr Kinderkrippen haben die Rechnung ohne die Betroffenen gemacht. Aus der Sicht der Eltern stellt sich die Kinderbetreuung in einem ganz anderen Licht dar: Es mangelt mehr an Müttern (einschließlich *Tages-*

müttern) und Vätern, die eine Betreuung der Kinder übernehmen können und wollen, und weniger an Krippen und Tages-
stätten. Und: Es fehlen *elternfreundliche Arbeitsplätze.*

Kinderbetreuung zu Hause ist Frauen- und Männersache zugleich. Die Vereinbarkeitsforderung müsste eigentlich *Gegen-
stand von Arbeitsverträgen* werden – wie Vereinbarungen
über Einkommenshöhen und Urlaubsregelungen auch. Die
Zukunft wird verstärkt *Work-Life-Agenturen* gehören müssen,
also persönlichen Dienstleistern, die Besorgungen, Behördengänge und Betreuungsdienste übernehmen (Löwer 2003), damit die Beschäftigten ohne schlechtes Gewissen ihrer geregel-
ten Arbeit nachgehen können.

10. Mehr Hilfe- als Dienstleistungsgesellschaft.
Perspektivenwechsel im Verhältnis
von Bürger und Staat

Mit der Finanzkrise der öffentlichen Haushalte kommt es zum
grundlegenden Perspektivenwechsel im Verhältnis von Bürger und Staat: Viele Staatsaufgaben werden an die Bürger zu-
rückverlagert und nicht mehr – wie in den letzten Jahrzehnten – kontinuierlich vermehrt. Was bisher öffentlich war (z. B.
Schwimmbäder), übernehmen vermehrt Organisationen und
Vereine. Die Gewährleistungsverantwortung geht damit tendenziell an die Bürger über, die sich ihres Machtzuwachses bewusst werden: *Die Bürger emanzipieren sich – freiwillig und
unfreiwillig – vom Übervater Staat.*

Damit verändert sich das Verständnis von Staat grundlegend.
*Die Bürger nehmen Abschied vom Obrigkeitsstaat als Macher
und Verteiler.* Das jahrzehntelang fast grenzenlose Vertrauen

in eine Staatsform, bei der die politische Macht überwiegend von der Regierung ausgeht, ist infrage gestellt. Für den Schutz vor den Risiken des Lebens wie Krankheit, Alter und Pflegebedürftigkeit ist immer weniger der Staat und immer mehr der einzelne Bürger selbst verantwortlich.

Im gleichen Maße, wie die Fürsorgeleistungen des Staates zurückgehen, nehmen die Eigenleistungen der Bürger zu. Sie müssen wieder aus eigener Kraft das erreichte Wohlstands- und Wohlfahrtsniveau halten. Das Selbsthilfeprinzip bürgert sich ein: Hilf dir selbst, bevor der Staat dir hilft. Und meistere dein Leben aus eigener Kraft!

Der Staat soll nur dafür Sorge tragen, dass die Bürger dazu auch in der Lage sind. Für ihre eigene Wohlfahrt sind die Bürger selbst verantwortlich.

Die Erkenntnis macht sich breit: »Kommerzielle Dienst- und Hilfeleistungen können sich immer weniger Menschen leisten. Wir brauchen mehr Helferbörsen in der Nachbarschaft, bei denen sich Jung und Alt gegenseitig unterstützen und helfen können.« Fast drei Viertel der Bevölkerung (73 %) glauben an die Wirkung einer neuen Hilfeleistungsgesellschaft, in der die Bürger bereit sind, anderen Menschen zu helfen. Die Bereitschaft, für andere da zu sein, ist bei Frauen stärker ausgeprägt (77 %) als bei Männern (69 %) und ist für die Bewohner auf dem Land selbstverständlicher (87 %) als für Großstädter (65 %).

Jeder muss in Zukunft in seinem Leben die einseitig materielle Zukunftsvorsorge um die soziale Komponente erweitern. Dazu gehören wertbeständige Investitionen in die Zukunft – von der Erhaltung der Familienbindungen bis zum Aufbau eines privaten sozialen Netzes durch Nachbarschaftshilfe und soziale Konvois. Das sind die Marksteine auf dem Weg in ein langes Leben.

Die Kommunen stehen vor der schwersten Finanzkrise seit über fünfzig Jahren. Die Kredite zur Finanzierung laufender Ausgaben steigen und trotz Personalabbaus wachsen auch die Personalausgaben. Die Erkenntnis wird sich bald durchsetzen: Der Geldsegen wird sich nicht wieder einstellen. Ein Masterplan für die Lösung dieser Zukunftsprobleme ist auch nicht in Sicht. So bleibt nur die Hoffnung, dass es gelingen möge, die *Bürger mehr zur Eigeninitiative zu motivieren.* Auf die früher kommunalpolitisch aktiven Freiberufler und Unternehmer können die Kommunalpolitiker immer weniger setzen, weil diesen aufgrund der wirtschaftlich schwierigen Lage schlicht und einfach die Zeit fehlt (Sattler 2005, S. 3). Handwerker und Architekten haben mit sich selbst zu tun und sind eigentlich nur noch bei punktuellen Anliegen ansprechbar und temporär aktivierbar.

Der »Hilf-dir-selbst«-Gedanke lässt die Idee der Selbsthilfegesellschaft aus den Siebzigerjahren als neue Hilfeleistungsgesellschaft wieder aufleben – allerdings unter veränderten Vorzeichen. In der Nach-68er-Zeit war unter dem Namen »Selbsthilfegesellschaft« eine Protestbewegung entstanden, die sich gegen Abhängigkeit, Hörigkeit und staatliche Vereinnahmung richtete. Leitvorstellungen waren Solidarität, Ökologie und Basisdemokratie. Selbsthilfe wurde dabei als eine Art *alternative Eigeninitiative* verstanden – von der Wohngemeinschaft über das selbstorganisierte Jugendzentrum bis zum genossenschaftlichen Arbeitskollektiv.

> Wenn wir heute von einer neuen Hilfeleistungsgesellschaft sprechen, dann ist damit keine alternative Idylle gemeint. Ganz im Gegenteil: Fern von allem Dogmatischen und Ideologischen geht es um freiwillige Hilfeleistungen und um die Stärkung der Bürgerautonomie auf breiter Ebene, um die Entwicklung einer pragmatischen Selbsthilfebewegung ohne Randgruppenstatus. Die Einsicht in das Aufeinander-Angewiesensein resultiert aus der Erfahrung von Armutsrisiko und Existenzbedrohung.

Notstands-, nicht Wohlstands-, *Denken* zwingt zum Selbsthilfe-Handeln, weil der Sozialstaat ›schwächelt‹. Was der Wohlstandsstaat den Bürgern in den letzten drei Jahrzehnten Zug um Zug an Verantwortung abgenommen hat, müssen sich die Bürger jetzt – wollen sie nicht scheitern – wieder zurückholen.

In der staatlichen Förderung sozialen Engagements muss umgedacht werden: Die persönliche Hilfeleistung durch informelles Engagement ist nachweislich um ein Vielfaches höher als die freiwillige Mitarbeit durch institutionelles Engagement.

Nur jeder sechste Bundesbürger (17 %) engagiert sich in der Vereinsarbeit, dreimal so hoch (55 %) ist hingegen der Anteil der Bevölkerung, der persönliche Hilfen im privaten Bereich von Freunden und Bekannten leistet. Jeder Dritte (33 %) engagiert sich in der Nachbarschaftshilfe, während das freiwillige Engagement in Kirche und Gemeinde (7 %) sowie in Partei und Gewerkschaft (2 %) fast ein Schattendasein führt. Viele institutionelle Engagements sind mit Verpflichtungen oder gar Gruppenzwang verbunden. Und auf ›Lückenbüßer‹-, ›Handlanger‹- oder ›Notnagel‹-Dienste lassen sich immer weniger ein.

Gelebte Solidarität im Sinne von praktizierter Hilfeleistung findet bei der Bevölkerung mehr im Nahmilieu von Familie, Nachbarschaft und Gemeinwesen statt. Eine Politik, die zunehmend größeren Wert auf die Selbstverantwortung und Eigeninitiative legt, sollte daher mehr Anlässe und Gelegenheiten für Hilfeleistungen in informellen Lebensbezügen fördern. Hier wird niemand ›einverleibt‹ oder ›in die Pflicht‹ genommen. Die informelle Hilfeleistung ist freiwillig und zwanglos.

Die bisherige Diskussion um die Angleichung der Lebensverhältnisse in den neuen und alten Bundesländern krankt daran, dass sie fast ausschließlich materiell geführt und zur Geld- und

Subventionsfrage degradiert wird. Ein ganz anderes Bild vermittelt die *Sozialbilanz im Ost-West-Vergleich*. Hier können die Westdeutschen von den Ostdeutschen und ihren gemachten Lebenserfahrungen lernen.

> Auch nach einem Vierteljahrhundert deutscher Einheit ist die größere Hilfsbereitschaft bei den Ostdeutschen erhalten geblieben: Die Ostdeutschen erbringen nach wie vor mehr Hilfeleistungen für ihre Nachbarn.

Der *soziale Zusammenhalt* der Ostdeutschen, denen ökonomische Krisenerfahrungen nicht fremd sind, ist wesentlich größer als bei den Westdeutschen, die es in Wohlstandszeiten fast verlernt haben, füreinander da zu sein oder sich gegenseitig zu helfen. Die spontane Hilfsbereitschaft im sozialen Umfeld von Wohnung und Nachbarschaft ist bei den Westdeutschen geringer ausgeprägt.

Vor fast neunzig Jahren prägte der amerikanische Pädagoge Lyda Judson Hanifan den Begriff *»Sozialkapital«* und umschrieb damit menschliche Eigenschaften wie *Gemeinschaftsgeist und Mitgefühl* (Hanifan 1916, S. 130). Seither ist der Begriff insbesondere von Pierre Bourdieu (1983), James S. Coleman (1988) und Robert D. Putnam (2001) verwendet und in der sozialwissenschaftlichen Diskussion verbreitet worden. Schon damals äußerte Hanifan die Befürchtung, die Menschen seien *weniger nachbarschaftlich eingestellt* und das soziale Leben der Gemeinschaft wiche der Isolation. Zur Problemlösung empfahl Hanifan seinerzeit die finanzielle Förderung von Gemeindezentren.

In der aktuellen Diskussion von heute bezieht sich Sozialkapital vor allem auf *soziale Netzwerke*, die unterschiedliche Menschen (z. B. im Hinblick auf Alter, Geschlecht, soziales

Milieu) zusammenbringen und eine *brückenbildende und bindende Funktion und Wirkung* haben. Erinnert sei nur an die Wirtschaftskrise 1949 in Deutschland. Das Prinzip der Freiheit und der Freiwilligkeit wurde damals zur Erfolgstherapie: »Jeder muss die Ärmel aufkrempeln und sich zunächst einmal selber helfen« (Kirchhof 2010, S. 87). Dieses *Selbsthilfeprinzip in Krisenzeiten* bescherte uns Jahre später das Wirtschaftswunder. Die Wiederaufbaugeneration war beseelt von dem Gedanken: »Unseren Kindern soll es einmal besser gehen!«

Heute scheint auf den ersten Blick eine ganz andere Forderung realistischer zu werden: *»Unseren Kindern darf es künftig nicht schlechter gehen!«* Im 20. Jahrhundert konnten die Amerikaner Kahn und Wiener noch die freudige Zukunftsbotschaft verkünden: *»Ihr werdet es erleben!«* In Davos rief Bill Clinton im Jahr 2009 den versammelten Managern und Politikern eine ganz andere Heilsbotschaft zu: *»Wir werden es überleben!«* In kritischen Situationen sind die Menschen bereit, einen Teil ihrer hochgeschätzten persönlichen Freiheit zu opfern und alles der sozialen Sicherheit unterzuordnen.

In Zukunft wollen die Deutschen im sozialen »Wohl«-Stand leben. Dies können die Bürger dauerhaft nicht allein leisten. Auf die finanzielle Unterstützung des Staates einschließlich des Schutzes vor sozialen Notlagen werden sie weiterhin nicht verzichten können.

Wenn es nach den Wünschen der Bevölkerung geht, dann sollte die Zukunft Deutschlands einer Sozialgesellschaft, einer Generationengesellschaft und einer Hilfeleistungsgesellschaft gehören. In dieser *Dreifach-Sicherung des Lebens*

- schützt der Staat die Bürger vor sozialer Not (Sozialgesellschaft),

- halten die Generationen fest zusammen (Generationengesellschaft) und
- helfen sich die Menschen wieder mehr selber (Hilfeleistungsgesellschaft).

Dabei verlieren sie vielleicht ein Stück persönlicher Freiheit, gewinnen dafür aber soziale Sicherheit.

Der amerikanische Wirtschaftsnobelpreisträger Edmund Phelps warnt Deutschland davor, sich auf den Lorbeeren als Exportweltmeister auszuruhen. Der Wohlstand könne in Zukunft nur durch mehr Dynamik gesichert werden, durch eine Lebensführung des Suchens und Entdeckens. Deutschland müsse ein Land der Innovationen bleiben, wozu die Akzeptanz von Veränderung und die »Umarmung des Neuen« gehöre (Phelps 2007). Jetzt ist es so weit. Die Deutschen sind – wenn sie an die Zukunft denken – bereit, das Neue zu umarmen.

Die Zeit ist reif für eine zweite Wiederaufbauleistung, bei der die Bürger in Deutschland die Ärmel hochkrempeln und die Gesellschaft erneuern. Wenn sie in Zukunft wirklich so leben, wie sie heute schon leben wollen, dann kann aus dem »Made in Germany« ein »Created in Germany« werden: die Aktivierung von Innovation, Initiative und sozialer Verantwortung. In diesem Prozess wird das Wohlbefinden der Menschen wieder genauso wichtig wie das Wohlergehen der Wirtschaft.

III. Zukunftsvisionen.
Wohlergehen für die nächste Generation

1. *Wohlstand neu denken.*
Die Zukunft von Wachstum, Wohlstand und Lebensqualität

In George Orwells 1948 geschriebenem Zukunftsroman »1984« verkündete ein sogenanntes *Ministerium für Überfülle* den Menschen »herrliche Neuigkeiten« und ein »neues glückliches Leben«. Und das hieß konkret: mehr Textilien, mehr Häuser, mehr Möbel, mehr Kochtöpfe, mehr Brennstoff, mehr Schiffe, mehr Helikopter ... Das energieintensive Konsumgebaren war kaum noch zu steigern. Diese Orwell'sche Vision von Über-Fülle und Immer-Mehr fand schließlich im *Traum vom Überfluss* ihre vermeintliche Erfüllung. Insbesondere die westlichen Konsumgesellschaften lebten jahrzehntelang in der Vorstellung, ein Zeitalter grenzenlosen Wohlstands sei nun angebrochen.

Nur auf den ersten Blick ist *Ludwig Erhards Versprechen* »*Wohlstand für alle*« aus den Fünfzigerjahren heute Wirklichkeit geworden. Erhard war seinerzeit in seinen Berechnungen davon ausgegangen, dass »auf jeden Deutschen nur alle fünf Jahre ein Teller, alle zwölf Jahre ein Paar Schuhe und nur alle fünfzig Jahre ein Anzug komme« (Erhard 1957/2009, S. 27). Mit seiner Wohlstand-für-alle-Formel wollte Erhard dagegen etwas völlig Neues schaffen: Kühlschränke, Waschmaschinen und Staubsauger sollten für alle erschwinglich werden.

Schon bald konnte Erhard stolz einen Anstieg der »Zahl der konsumierten Beefsteaks und Koteletts« (S. 266) vermelden, aber nicht verhindern, dass die Deutschen *immer maßloser* wurden. Sein Appell, Maß zu halten, blieb wirkungslos. Die Bevölkerung hatte sein Versprechen für bare Münze genommen: Sie wollte *immer mehr*, weil Erhard auch einen »immer höheren Lebensstandard« versprochen hatte (S. 291). Höherer Lebensstandard wurde vorschnell mit höherer Lebensqualität gleichgesetzt. In Wirklichkeit wurden die Deutschen nachweislich durch mehr materiellen Wohlstand *nicht glücklicher und zufriedener.*

Aus konsumpsychologischer Sicht ist der Sättigungspunkt des Verbrauchers nie erreicht, weil der Konsum die Illusion verstärkt, dass alles, was wir uns wünschen, auch erreichbar und erwerbbar sei. Aber genau darin liegt das Problem: Jenseits der goldenen Mitte erweist sich die *Gier* (die kein Maß kennt) bzw. »das Übermaß als größte Schwäche des Menschen« (Sedlácek 2012, S. 114). Mit der Übertreibung wächst die Unzufriedenheit und rückt die Frage nach Sinn und Maß des Lebens in weite Ferne – statt sich an die biblische Parabel von den sieben fetten und den sieben mageren Kühen zu erinnern.

Schon vor einem halben Jahrhundert kritisierte der amerikanische Nationalökonom F.K. Galbraith in seinem Buch »Die industrielle Gesellschaft«, dass die *qualitativen Aspekte des Lebens im Wettlauf um die Produktivitätssteigerung verloren zu gehen* drohten. Die Unwirtlichkeit der Industriestädte sei die unausweichliche Folge. Bildhaft formulierte Galbraith die Konsequenzen: Der letzte Wohlstandsbürger, im Verkehrsstau an Abgasdämpfen erstickend, werde vom vorletzten Bürger noch die frohe Nachricht erhalten, dass das Bruttosozialprodukt wieder um 5 % gestiegen sei ... (Galbraith 1964).

Die sich abzeichnende Wohlstandskrise kann in naher Zukunft zur Lebensqualitätskrise werden. Und dies aus zwei Gründen:

- Erstens haben unter der Gier nach Immer-Mehr *die sozialen Beziehungen zu leiden,* vor allem Familie, Freundeskreis, Nachbarschaft und Gemeinwesen.

- Zweitens gehen ständige materielle Wohlstandssteigerungen auf Dauer *zu Lasten von Natur und Umwelt.*

Wohlstand neu denken: Das wird jetzt zur weltweiten Herausforderung im 21. Jahrhundert. Selbst China muss inzwischen seinen Traum vom Wohlstand überdenken. Der Smog in Peking hatte im Frühjahr 2013 bedrohliche Ausmaße erreicht und ging mit spürbaren Einbußen an Lebensqualität bei den Menschen einher. Jetzt wird plötzlich auf breiter Ebene diskutiert, *was eigentlich ein gutes Leben ausmacht:* von der sauberen Luft und der gesunden Nahrung bis zu bezahlbarem Wohnraum und konfliktfreiem Zusammenleben. Über die wahren Kosten des Wirtschaftswachstums im ökologischen, sozialen und individuellen Bereich (z. B. für die Gesundheit) wird neu nachgedacht. Es geht um die vitalen Interessen der Menschen: »Wir müssen *die Art und Weise ändern, wie wir leben und arbeiten*«, so die Forderung des ehemaligen Ministerpräsidenten Wen Jiabao vor dem Nationalen Volkskongress im März 2013 in Peking.

Statt also weiterhin Überkapazitäten zu produzieren und in Konflikt mit dem Ressourcenerhalt und dem Umweltschutz zu geraten sowie die *Kluft zwischen Arm und Reich sowie Stadt und Land* zu verschärfen, plant die chinesische Regierung derzeit den schwächsten Wirtschaftsanstieg seit über zwanzig Jahren ein. Dieser freiwillige Verzicht wird als ein Gewinn an Wohlstand und Lebensqualität bewertet. Zu lange hatte China nach dem Prinzip »*Wachstum um jeden Preis*« gelebt. Der unaufhaltsame Aufstieg zum größten CO_2-Emittenten der Welt hat nun seinen Preis: Atemnot, Smog und giftige Luft im ganzen Land. Die materielle Wohlstandsexplosion »riecht« plötzlich; die Natur schlägt zurück.

Es ist daher kein Zufall, dass zurzeit die Unzufriedenheit der Bevölkerung in China stetig wächst, die *Angst der Politik vor sozialem Unfrieden* aber auch. Mittlerweile ist das Buch »Der alte Staat und die Revolution« des Franzosen Alexis de Tocqueville aus dem Jahr 1856 ein heimlicher Bestseller in China geworden und hat den Charakter einer Pflichtlektüre für Politiker bekommen. Tocqueville analysiert darin die Ursachen und Wirkungen der Französischen Revolution von 1789, deckt die »tiefe Kluft« in der Gesellschaft auf und kritisiert Gewinnsucht und Gier, »um jeden Preis reich zu werden«. Nichts, so meint Tocqueville, sei »geeigneter«, zur Bescheidenheit zu mahnen als die Geschichte der Französischen Revolution.

China will daraus lernen, um sich vor einem Umsturz zu schützen. Das Übermaß an materiellem Wohlstand soll verhindert werden, bevor es explodiert. Um Wohlstand und Frieden im Land sicherzustellen, soll ein *neues Wachstumsmodell* umgesetzt werden. Danach sollen landesweit die *Mindestlöhne* steigen. Das bedeutet kurzfristig weniger wirtschaftliches Wachstum, aber langfristig mehr sozialen Frieden im Land.

Im biblischen Verständnis und aus jüdisch-christlicher Sicht ging und geht es bei Wohlstand in erster Linie um *das individuelle Wohlergehen* – und zwar *physisch* im Sinne von Gesundheit und *psychisch* im Sinne von Lebensglück. Wer gesund und glücklich lebt, ist nach der biblischen Verheißung im »gelobten Land« angekommen. Die materielle Dimension im Sinne von Geld und Gütern ist zwar für das Wohlergehen förderlich, hat aber keinen Eigenwert: »Ihr könnt nicht beiden dienen, Gott und dem Mammon« (Mt 6, 24). Die bloße Gier nach Geld lässt Gottes- und Nächstenliebe verkümmern.

In Deutschland fand das Wort »Wohlstand« erst im 16. Jahrhundert weite Verbreitung. Es hatte seinerzeit eine doppelte Bedeutung:

- Erstens hieß »in Wohlstand leben« so viel wie *gut und glücklich leben.* Gemeint war das ganz persönliche Wohlergehen.
- Zweitens war Wohlstand ein Synonym für *Gesundheit und körperliches Wohlbefinden:* Wer im besten Wohlstand lebte, war bei bester Gesundheit. Gesundsein galt als höchstes Lebensgut.

Erst im 18. und 19. Jahrhundert kam es zu einer Bedeutungsverengung des Wohlstandsbegriffs. Weil man das Gutgehen von Menschen nicht selten schon an Äußerlichkeiten erkennen konnte – z. B. an der Kleidung, der Wohnungseinrichtung oder der Größe des Hauses –, wurde daraus abgeleitet: Wer so leben kann, muss einfach »wohlhabend« sein, also *über Geld und Güter verfügen.* Diese *auf das Materiell-Wirtschaftliche verengte Sichtweise* hat sich seither durchgesetzt und die physischen, psychischen und moralischen Aspekte weitgehend in den Hintergrund gedrängt oder vergessen gemacht. So kam erst im 20. Jahrhundert der Begriff *Wohlstandsgesellschaft* auf und bezeichnete eine Gesellschaft, die den Bürgern die Befriedigung materieller Bedürfnisse ermöglichte, die *weit über dem Existenzminimum* lagen. Es ging um Konsum, auch um Geltungs- und Erlebniskonsum.

Im Wohlstandsverständnis der Deutschen dominiert die *Sorgenfreiheit.* In unsicheren Krisenzeiten hat der Wunsch nach Wohlstand mehr mit der Verhinderung von Angst, Not und Sorge als mit Geldausgaben und dem Genuss von Luxus und Überfluss zu tun. Pointiert formuliert: Den Traum »Mein Haus. Mein Auto. Mein Boot« kann man vergessen. Die Menschen in Deutschland haben ganz andere Sorgen.

Der naive Glaube, alles könne permanent gesteigert und eine Niveauebene höher gefahren werden, ist im 21. Jahrhundert infrage gestellt. Eher setzt sich die Erkenntnis durch: Der *Fahrstuhl-Effekt*, wonach wir stetig nach oben fahren in eine Welt, in der es uns immer besser geht, wird zunehmend vom *Paternoster-Prinzip* abgelöst: Einige fahren nach oben, aber viele andere nach unten – oder müssen auf halber Strecke aussteigen.

In der ganzen Welt soll es – sieht man einmal von den Ameisen ab – kein anderes Lebewesen geben, das sich wie der Mensch die Hortung und den Besitz von Gütern zur Lebensaufgabe gemacht hat und sich verzweifelt an erworbene Güter klammert. Doch der Automatismus – mehr Wachstum gleich mehr Wohlstandsgüter gleich mehr Lebensglück – funktioniert nicht mehr. Mit der Kritik am Wachstumswahn ist es dabei allein nicht getan. Auch greift die kulturkritische Frage »Was ist, wenn es kein Wachstum mehr gibt?« (Miegel 2010) viel zu kurz, als sei damit das Ende aller Tage erreicht (Miegel: »EXIT«). Um es deutlich zu sagen: *Wir wollen weiterhin Wachstum haben* – in der Familie und im sozialen Nahmilieu, in Natur und Kultur, in Wirtschaft und Wissenschaft, in Gemeinwesen und Gesellschaft. Sonst kann es keinen sozialen Fortschritt geben.

Seit dem 11. September 2001 und spätestens seit der weltweiten Finanz- und Wirtschaftskrise ist mittlerweile fast allen Bürgern klar geworden, dass der Glaube an das grenzenlose Immer-Mehr nur Gier und Maßlosigkeit fördert und dazu führt, dass *das soziale Wohlbefinden auf der Strecke bleibt*. Sicher: Materielle Sicherheit ist eine Grundvoraussetzung für sozialen Fortschritt und auch zur Finanzierung des Bildungs- und Gesundheitswesens. Aber: *Die materielle Wohlstandsexplosion löst keine Glücksexplosion bei den Menschen aus.*

Die Menschen drohen aus dem Gleichgewicht des Lebens zu geraten, wenn die Balance von Materiellem und Sozialem nicht mehr gewährleistet ist. So setzt sich die Erkenntnis durch: Wenn schon Wachstum, dann auch *qualitatives Wachstum*, statt nur nach dem quantitativen Immer-Mehr zu schielen. So gesehen lautet das ausbalancierte *Zukunfts-Credo: Weniger ist mehr!*

Wenn dem qualitativen Wachstum wieder mehr Aufmerksamkeit geschenkt wird, dann kann auch der *nachhaltige Wohlstand* zur Zukunftschance werden. Sicherheit. Gerechtigkeit. Hilfsbereitschaft: Auf diesen drei Säulen ist der *erweiterte Wohlstand* im 21. Jahrhundert aufgebaut. Wenn also der Staat seine Sicherheitsversprechen einlöst und dabei das Prinzip der sozialen Gerechtigkeit nicht außer Acht lässt, dann sind auch die Bürger zu Gegenleistungen bereit und entdecken und aktivieren die Hilfsbereitschaft neu. Unter solchen Voraussetzungen gleicht die Gesellschaft der Zukunft einer *Gemeinschaft auf Gegenseitigkeit*. Alle profitieren voneinander: Die einzelnen Bürger von der Gemeinschaftshilfe und die Gemeinschaft von der Bürgerinitiative.

Das alles kann nicht überraschen. Denn in wirtschaftlich schwierigen Zeiten neigen die Menschen seit jeher zum Rückzug in die eigenen vier Wände. Einen vergleichbaren Wertewandelschub hatte es nach dem letzten Golfkrieg 1991 in den USA gegeben, als sich ein Trend zur »neuen Häuslichkeit« (»Cocooning«) ankündigte und bei den Verbrauchern Sparen und bescheidener leben (»small is beautiful«/»back to the simply life«) angesagt waren. Insofern kann es nicht überraschen, dass jetzt auch bei uns zunehmend *Sicherheits- und Vorsorgeaspekte im Zentrum des Lebensinteresses* stehen und ein sicheres Einkommen höher eingeschätzt wird als viel Geld haben.

Statt auf das »Immer-Mehr« wird eher *Wert auf das »Immer-Besser«* gelegt: Letzteres ist nachhaltiger und sorgt für mehr Lebenszufriedenheit. Langfristig gesehen verändert sich damit auch das Statusdenken. Prestige gewinnt in Zukunft der, der mit sich und seinem Leben zufrieden ist, und nicht der, der sich immer mehr leisten kann. Und die Erkenntnis setzt sich durch: Ein intensives Naturerleben ist wohltuender und intakte soziale Beziehungen sind beglückender als die Anhäufung materieller Wohlstandsgüter. Beim Nachdenken über nachhaltigen Wohlstand geht es um das *Gelingen des Lebens.*

Sicher: Die Bäume wachsen nicht in den Himmel, aber der Mensch »wächst« lebenslang – physisch, psychisch und sozial. Auch gesellschaftlich gesehen gibt es keinen Wandel ohne Wachstum. Wenn aber *Wachstum menschlichen Fortschritt* zur Folge haben soll, dann muss es zum Gemeinwohl des Landes *und* zum Wohlergehen der Menschen beitragen. Und auch wirtschaftliches Wachstum muss dies zum Ziel haben: Wirtschaftswachstum verhilft uns zum Wohlstand, damit wir gut und besser leben als bisher und sagen können: *»Wohlstand heißt: Es geht uns gut«* (Jackson 2011, S. 23) – heute und auch in Zukunft.

Wenn Wohlstandspolitik auch Wohlfahrtspolitik sein soll, dann müssen alle gut leben können. Und aus der Nachkriegsformel des 20. Jahrhunderts »Wohlstand für alle« muss im 21. Jahrhundert die Forderung *»Wohlergehen für alle«* werden. Die Menschen leben dann sicher nicht in der Besten aller Welten. Aber sie können das Beste aus ihrem Leben machen. Jede(r) für sich – auf seine/ihre individuelle Weise. Und das heißt: *Das Beste aus dem machen, was man am besten kann.* Aristoteles nannte das früher »eudaimonia« bzw. Gedeihen. Wir nennen es heute »well-being« bzw. Wohlergehen.

GUTES LEBEN – LEBENSQUALITÄT IN DEUTSCHLAND
Persönliches und gesellschaftliches Wohlergehen
zählen mehr als materieller Wohlstand

Frage: „Wie sehr treffen die einzelnen Aussagen auf Sie persönlich zu?"
Skala von 1 bis 10: 1= „trifft für mich überhaupt nicht zu" und 10 = „trifft auf mich voll und ganz zu". Top 3 Boxen (= 8-10):

„Trifft auf mich zu"	Aussagen
67 %	Gute Kontakte zur Familie / zu Verwandten haben
65 %	In Frieden mit den Mitmenschen leben
62 %	Gute Freunde / Soziale Kontakte haben
60 %	Seine Meinung frei äußern können
55 %	Einen Beruf haben, der Sinn macht
53 %	Für andere da sein
47 %	Eigentum besitzen (Haus/Wohnung/Auto)
30 %	Sich materielle Wünsche erfüllen können
28 %	Sich Reisewünsche erfüllen können

Basis: Repräsentativbefragung von 16.000 Personen ab 14 Jahren in Deutschland,
Juni 2012 bis März 2014
Quelle: Ipsos/Opaschowski: Nationaler WohlstandsIndex für Deutschland NAWI-D (2014)

Das persönliche und gesellschaftliche Wohlergehen bestimmt die Wohlstandswirklichkeit der Deutschen. Die Hierarchie der Wohlstandswerte hat sich verändert. Individuelle und soziale Wohlstandswerte dominieren – jenseits von Geld und Gütern. Gut jeder zweite Bundesbürger (53 %) ist *»für andere da«* –

mental, sozial und sicher auch in zunehmendem Maße materiell. Denn nicht einmal ein Drittel der Bevölkerung kann sich »materielle Wünsche« (30 %) oder persönliche »Reisewünsche« (28 %) erfüllen. *Wohlstandspolitik muss in Deutschland neu definiert werden.*

Damit in Zukunft alle gut leben können, braucht Deutschland *eine neue Vision von Wohlstand und Wohlfahrt,* in der persönliches und soziales Wohlergehen genauso wichtig wie wirtschaftliches Wachstum oder Lebensstandardsteigerung ist. Nur dann kann Wohlstand ein Fortschrittsindikator sein und bleiben. Das umfassende Wohlstandsverständnis der Bevölkerung sprengt den herkömmlichen Wohlstandsbegriff und beinhaltet

- *Wertqualitäten* wie Freiheit und Frieden,
- *Lebensqualitäten* durch Gesundheit und Sicherheit sowie
- *Beziehungsqualitäten* im Umfeld von Familie und Freunden.

Auf diese Weise kann auch die nächste Generation gut, vielleicht sogar besser leben als heute.

Die Wohlstandsformel in Bertolt Brechts Dreigroschenoper – »Nur wer im Wohlstand lebt, lebt angenehm« – wird im 21. Jahrhundert neu bewertet. *Wohlstand wird zu einer Frage des persönlichen und sozialen Wohlergehens.* In Zukunft kann Wohlstand auch bedeuten, weniger Güter zu besitzen und doch besser zu leben. Eine Neubesinnung auf das Beständige findet statt. Und das ist immer weniger eine Frage nur des Geldes. Die Deutschen wollen – vor die Alternative gestellt – lieber gut leben statt viel haben. Und das heißt: Wohlfühlen. Wohlbefinden. Wohlergehen. Vor dem Hintergrund einer stetig steigenden Lebenserwartung legen die Menschen jetzt mehr *Wert auf nachhaltigen Wohlstand – also: Lebensqualität bis ins hohe Alter.*

Gesellschaft, Wirtschaft und Politik werden sich in den nächsten Jahren auf ökonomische und soziale Probleme – wie seit über dreißig Jahren nicht mehr – einstellen müssen. Die Wohlstandswende kommt im Lebensalltag der Menschen an. Ökonomisch gesehen wird es vielen Bundesbürgern nicht mehr so gut gehen wie heute. *Viele werden ärmer – aber nicht unglücklicher:* Denn ihr Wohlstandsdenken verändert sich; sie legen wieder mehr Wert auf *nachhaltigen Wohlstand,* der nicht nur von Konjunkturzyklen und Börsenkursen abhängig ist. Und die bloße Lebensstandardsteigerung hört auf, das erstrebenswerteste Ziel im Leben zu sein. Im Englischen heißt Wohlstand »prosperity« – und bedeutet Wohlergehen. Nichts anderes meint die Bevölkerung. *»Besser leben« lautet ihre Wachstumsforderung an die Zukunft.*

2. Besser leben statt mehr haben.
Die neue Leitlinie des Lebens

Ein Ende des Wachstumstempos früherer Jahrzehnte zeichnet sich in Deutschland ab – von 8,2 % in den Fünfziger-, 5,1 % in den Sechzigerjahren über 2,8 % in den Neunzigerjahren bis zu etwa 1,8 % im laufenden Jahr (Prognose der Bundesregierung im Februar 2014): *Die Logik des Immer-Mehr funktioniert nicht mehr.* Wirtschaftswachstum ist nach der anerkannten Definition des Sachverständigenrats das Ergebnis der Anstrengungen der Menschen, *»es besser zu machen als bisher«* (Jahresgutachten 1975/76 – Ziffer 294). Die Japaner haben hierfür ein eigenes Wort: *»kaizen«* – und das bedeutet *ständige Verbesserung.*

Die nachhaltige Wachstumsagenda des 21. Jahrhunderts kann nur lauten: »Heute gut – und morgen besser leben!« In sozial und ökonomisch unsicheren Zeiten stößt das Immer-Mehr auch an seine psy-

chologischen Grenzen, sodass die Menschen Wohlstand neu denken
müssen: Sie gleichen ökonomische Wohlstandsdefizite durch Wohl-
standsqualitäten in anderen Bereichen des Lebens aus – durch Familie, Freunde, Frieden, Freiheit und Natur. Das sind die nachhaltigen
Bestimmungsfaktoren für Wohlstand und Lebensqualität im 21. Jahrhundert.

In der Wohlstandswirklichkeit der Bundesbürger ist deshalb

- die Familie als zentraler Lebensinhalt wichtiger als der Besitz
  von Eigentum und hat
- der soziale Kontakt zu guten Freunden eine größere Bedeutung als die Möglichkeit, sich alle materiellen Wünsche erfüllen zu können.

Sicher und sozial geborgen, frei und in Frieden mit den Mitmenschen
leben können: Das ist der größte Reichtum des Landes und des Lebens.

Voraussetzung dafür ist allerdings ein *gleichermaßen quan-
titatives und qualitatives Wachstum* (und nicht einfach nur
»Wachstum um jeden Preis«) in Wirtschaft und Wissenschaft,
in Natur und Kultur, in der Familie und im sozialen Zusammenhalt der Generationen. Das Erhard'sche Versprechen
»Wohlstand für alle« aus den Fünfzigerjahren lebt als *»Wohlergehen für alle«-Vision* im 21. Jahrhundert weiter.

Wer das Wohlergehen für die nächste Generation schaffen
und erhalten will, muss *Wachstum neu denken* – als *»besseres« Wachstum* und nicht nur als »Immer-Mehr«. Die Wohlstandsformel in Bertolt Brechts Dreigroschenoper – »Nur wer
im Wohlstand lebt, lebt angenehm« – muss im 21. Jahrhundert
neu bewertet werden. *Wohlstand wird zu einer Frage des persönlichen und sozialen Wohlergehens.* In Zukunft kann Wohlstand auch bedeuten, weniger Güter zu besitzen und doch

besser zu leben. Eine Neubesinnung auf das Beständige findet statt. Und das ist immer weniger nur eine Frage des Geldes. Die Deutschen wollen – vor die Alternative gestellt – im Einzelfall lieber glücklich als reich sein, also weniger haben, aber dafür gut und glücklich leben.

Der demografische Wandel wird in den nächsten Jahrzehnten zu einer *Veränderung der Lebensprioritäten* führen. Die Interessen richten sich auf das ganze Leben, von dem das Erwerbsleben nur ein Teil sein wird. In der *Hierarchie der Lebensqualitäten* dominieren im 21. Jahrhundert drei Lebenskonzepte:

- Erstens *das gesundheitsorientierte Lebenskonzept*, in dem Gesundheit als das wichtigste Lebensgut angesehen wird. Gesundheitserhaltung und -förderung stehen im Zentrum des Lebens.
- Zweitens *das sozialorientierte Lebenskonzept*, in dem Partnerschaft, Familie und Kinder den zentralen Identifikationsbereich darstellen und in dem auch Freundschaften im Leben wirklich wichtig sind.
- Drittens *das naturorientierte Lebenskonzept*, das im Laufe des Lebens mit dem Älterwerden immer bedeutsamer wird.

In Afrika, so erzählt man, gibt es zwei Arten von Hunger – den kleineren und den größeren. Der kleinere Hunger gilt den Dingen, die das Leben in Gang halten, also den Gütern, den Dienstleistungen und dem Geld, das wir brauchen, um alles bezahlen zu können. Der größere Hunger aber gilt den *Antworten auf die Frage »Warum?«*, die Erklärungen dafür geben, wozu dieses Leben gut sein soll. Diese Geschichte – von dem irischen Psychologen Charles Handy (1998, S. 22) erzählt – macht anschaulich klar, dass viele Menschen in den westlichen Konsumgesellschaften allzu lange, vielleicht auch allzu naiv daran geglaubt haben, dass der Hunger nach Geld und materiellem Wohlstand auch den größeren *Hunger nach Sinn* stillen und die Menschen zufriedener machen könnte. In Wirklichkeit stellt der Sinn-Hunger nicht einfach nur eine Erweiterung des Geld-Hungers dar, sondern ist etwas völlig anderes.

Aus kultursoziologischen Forschungen geht hervor, dass es Menschen im Mittelbereich *zwischen Not und Überfluss subjektiv am besten* geht. Diesen Menschen fehlt noch etwas, wofür sich Arbeit und Anstrengung lohnen. Ihr Leben hat schließlich eine Richtung: nach oben. Und die Erfahrung lehrt: Menschen, die nach oben wollen, haben eher *Mittel-Krisen* – Menschen, die oben sind, dagegen *Sinn-Krisen*. Die einen sind noch unterwegs, die anderen sind schon angekommen (vgl. Schulze 1992). Bedroht ist nicht mehr das Leben, sondern sein Sinn.

Welche Wege müssen wir also gehen, um aus dieser Sinnkrise herauszufinden? Wir stehen derzeit am Scheideweg. Wir haben entweder eine weitere Phase des Niedergangs vor uns oder wir machen eine Periode der Erneuerung durch. Erneuerung heißt vor allem: *gesellschaftliche Aufwertung von Familie und Kindern als Grundbausteine der Gesellschaft.* In großem Umfang fließen zurzeit Ströme an Geld, Sachmitteln und persönlichen Hilfen von den Älteren zu den Jüngeren. *Die Alten sparen für die Jungen.* Über 65-jährige Eltern leisten beispielsweise siebenmal so viele Geldzahlungen (28 %) an ihre erwachsenen Kinder, als sie von diesen zurückerhalten (4 %).

Vom Generationenpakt auf privater Basis profitieren primär Generationen mit familialen Netzwerken. Alle anderen (insbesondere Singles und Kinderlose) müssen dagegen schauen, dass sie im Laufe ihres Lebens verlässliche nicht verwandte soziale Netze knüpfen. Näher und ferner stehende Menschen müssen ihr Leben begleiten: *soziale Konvois im außerfamilialen Bereich*, also lebenslange Begleiter bis ins hohe Alter.

3. »Was wir wirklich wollen!«
Wie die junge Generation in Zukunft leben will

Die junge Generation tritt ein *schweres Erbe* an. Für sie wird es in Zukunft viel schwieriger, ebenso abgesichert und im Wohlstand zu leben wie die ältere Generation. Trotzdem will sie nicht am Leben vorbeileben. Sie muss mit ständigen Krisen leben lernen und zugleich *das Beste aus ihrem Leben machen*. Diese Generation will ihren Zukunftsoptimismus unter allen Umständen retten. Sie träumt weder vom Überfluss noch ängstigt sie sich vor materieller Not. Sie will gut und glücklich leben.

Diese sogenannte *Erbengeneration* will aber nicht nur Schulden erben. Sie wünscht sich eine *bessere Welt* und will mithelfen, eine bessere Gesellschaft zu schaffen. Sie hat ganz klare Vorstellungen von einem *guten Leben*. Ihre Lebensziele strahlen mehr Realismus als Idealismus aus. Die Versprechungen der Eltern- und Großelterngeneration »Unseren Kindern soll es einmal besser gehen« erfüllen sich nicht: Mitten im Wohlstandswunderland Deutschland formuliert die junge Generation als wichtigstes Lebensziel: »Keine finanziellen Sorgen haben« (74 %) – dicht gefolgt von dem Wunsch nach einem sicheren Einkommen (68 %) und einem sicheren Arbeitsplatz (66 %).

Besonders bemerkenswert ist der hohe Anspruch der jungen Generation an die Qualität der Arbeit. Von bloßem Jobdenken will sie wenig wissen. Stattdessen will eine knappe Mehrheit (52 %) einen »*Beruf*« haben, »*der Sinn macht*«. Eine Forderung, die um 5 Prozentpunkte höher liegt als bei der übrigen Bevölkerung. Berufsarbeit wird von der Jugend wesentlich als Lebensqualität verstanden und bedeutet mehr als nur Geldver-

WAS WIR WIRKLICH WOLLEN!
Die junge Generation sagt, wie sie in Zukunft leben will

Für das Wohlergehen der 14- bis 34-Jährigen sind am wichtigsten:

ÖKONOMISCHES WOHLERGEHEN

74 %   Keine finanziellen Sorgen haben

68 %   Ein sicheres Einkommen haben

66 %   Einen gesicherten Arbeitsplatz haben

ÖKOLOGISCHES WOHLERGEHEN

19 %   In einer Welt leben, die gut mit der Natur umgeht

17 %   Umweltbewusst leben

16 %   Mit der Natur leben

GESELLSCHAFTLICHES WOHLERGEHEN

35 %   Seine Meinung frei äußern können

30 %   In Frieden mit den Mitmenschen leben

25 %   In einer toleranten Welt leben

INDIVIDUELLES WOHLERGEHEN

52 %   Einen Beruf haben, der Sinn macht

52 %   Keine Angst vor der Zukunft haben

51 %   Glücklich sein

Basis: Repräsentativbefragungen von 4.405 Befragten im Alter von 14 bis 34 Jahren von Juni 2012 bis März 2014
Quelle: Ipsos/Opaschowski: Nationaler WohlstandsIndex für Deutschland (NAWI-D) 2014

---

dienen. Die junge Generation scheut sich auch nicht zu sagen, was ihr Leben wirklich lebenswert macht: »*Glücklich sein*« nennen 51 % der 14- bis 34-Jährigen (übrige Bevölkerung: 49 %). Dieses Glücksgefühl setzt eine Welt voraus, »die gut mit der Natur umgeht« und in der die Menschen in *Frieden, Freiheit und Toleranz* miteinander leben können. Das sind wahre Lebensqualitäten als Merkmale eines guten Lebens für die nächste Generation und Herausforderungen für eine zukunftsorientierte Generationenpolitik.

Im Interesse kommender Generationen kann die Option nur lauten: *Wir wollen Zukunft – und kein »Weiter so«!* Wann, wenn nicht jetzt? Die junge Generation beweist in besonderer Weise soziale Sensibilität. Sie wünscht sich gleichermaßen ein Leben in sozialer Gerechtigkeit und in sozialer Sicherheit. Die überwiegende Mehrheit der jungen Leute erhofft sich für die Zukunft einen *Sozialstaat,* der sie vor Not, Armut und Arbeitslosigkeit schützt. *Wohlstand* soll es auch dann noch geben, aber gerechter auf alle verteilt.

Wir leben von Krise zu Krise – im Rhythmus des Risikos. Dies ist auch die Perspektive für die nächste Generation. Sie wird ihre Aura als Erlebnisgeneration verlieren. Sie kann sich Erlebnisse ohne Ersparnisse immer weniger leisten und *arrangiert sich mit den zyklischen Wohlstandskrisen, die Normalität werden.* Auch im wirtschaftlichen Wandel spiegeln sich die Kreisläufe der Natur wie z. B. Aussaat und Ernte wider, was in der historisch orientierten Zukunftsforschung als *die ewige Wiederkehr des Gleichen* gilt. Alles wiederholt sich – historisch gesehen: Der Frühling folgt dem Winter, der Aufschwung dem Abschwung und das Glück dem Unglück. Und das seit Jahrhunderten. Alles deutet darauf hin: Krisen in regelmäßigen Zeitabständen sind und bleiben Normalität des Wirtschaftslebens. Das zyklische *Krisenbarometer* ist verlässlich und beinahe berechenbar.

Das größte Vertrauen bringen die Jugendlichen ihren Mitmenschen entgegen. Dies lässt für die Zukunft hoffen. Denn nachweislich *wächst mit dem Vertrauen auch die Gemeinschafts-*

fähigkeit. Das Vertrauen gilt geradezu als »die« Antriebskraft des sozialen Lebens. Es ist ein soziales Kapital, auf das Politik und Gesellschaft setzen können. *Vertrauen, Verantwortung und Verlässlichkeit* werden als persönliche Eigenschaften immer mehr gewünscht und gelebt. So gesehen zeichnet sich in Konturen das Bild einer neuen *Generation V* ab. Vertrauensbildung wird zur großen Herausforderung – nicht nur im zwischenmenschlichen Bereich, auch im Arbeitsleben und in der internationalen Politik. Die »3 V« sind der soziale Kitt, der unsere Gesellschaft und die Welt zusammenhält. Die Menschen suchen wieder mehr Beständigkeit als Beliebigkeit und setzen auf Familien-, Freundes- und Nachbarschaftshilfen.

Ein *Abschied vom Staat als Alleskönner* wird erforderlich: Eine Neudefinition der Rolle des Staates im Sinne des von den Amerikanern Neil und Barbara Gilbert bereits Ende der Achtzigerjahre geprägten Begriffs »The Enabling State« (Gilbert 1989). *Der Staat wird zum Ermöglicher.* Statt wie bisher aktiv und direkt agiert er mehr *aktivierend und indirekt.* Private und privatwirtschaftliche Aktivitäten und Initiativen werden angeregt, belebt, aktiviert und gefördert. Aus dem Versorgungsstaat wird ein *Ermöglichungsstaat* – als *Partner und Förderer* sozialer Hilfen und Dienste, als *Moderator und Supervisor* sozialer Probleme und Konflikte sowie als *Befähiger und Anreger* der Selbsthilfe und Eigeninitiative.

Jenseits von »Kanzlerdemokratie« und »Parteienstaat« warten die Menschen auf das *Politikkonzept eines aktivierenden Staates,* das mehr auf die Eigenverantwortung des Bürgers als auf die Allzuständigkeit des Staates zielt. Statt über den schwachen Staat zu lamentieren, wird eher der starke Bürger herausgefordert werden, der um seine Rechte zwischen Bürgerbegehren und Volksentscheid weiß.

Eine Hauptaufgabe aktivierender Kommunalpolitik wird es in Zukunft sein, den Bürgern beim Flechten von informellen Netzwerkstrukturen behilflich zu sein. Staat und Politik sind daher gefordert, vor allem die Selbsthilfe-Infrastruktur im Gemeinwesen weiter auszubauen oder neu zu schaffen, z. B. Initiativen bei der Vernetzung behilflich zu sein. Konkret: *Die Kommunalverwaltungen müssen zu Vernetzern werden und die Bürger zu Partnern machen.*

Die Forderung nach einer wirksamen Bürgerselbsthilfe ist keineswegs nur eine moralische Frage. Sie hat vor allem ökonomische Folgen, die künftigen Generationen zugutekommen wird: Der Staat könnte viel Geld sparen, wenn er private Initiativen aus den Reihen der Bürger aktiv unterstützen bzw. fördern würde. Mehr Bürgerinitiative statt mehr Staatsschulden: Das ist die realistische Einschätzung der Bevölkerung zur Lösung der anstehenden Zukunftsprobleme. *Die Bürger sind wieder für das Mögliche – und der Staat nur mehr für das Nötige da.*

Für das Erreichen von Glück und persönlicher Lebenszufriedenheit ist wieder jeder selbst verantwortlich. Aber über eins sollten sich die Verantwortlichen in der Politik im Klaren sein: Wer sich in Krisenzeiten die Bürger ins Boot holt, wird sie in besseren Zeiten nicht mehr vom Steuer verdrängen können.

4.   Zehn Gebote für ein gutes Leben.
Wohlergehen für die nächste Generation

Das Millenniumsfieber um 2000 war der Höhepunkt einer Spaß- und Singlegesellschaft in der gesamten westlichen Welt. Die internationale Sozialforschung sprach seinerzeit vom »bowling alone«-Phänomen (vgl. Putnam 2000): Jeder schob seine Kugel allein. Jetzt deutet sich eine Trendwende an: *Aus dem »bowling alone« wird ein »bowling together«.*

Die Tierwelt macht es den Menschen doch schon lange vor. Die Erfahrung zeigt: *Wer sich um andere sorgt, lebt länger* (»Caretakers live longer«). Es gibt Tierarten, bei denen die Männchen nach der Geburt die Aufzucht der Jungen übernehmen. Die Folge: Die Männchen überleben ihre Weibchen um mehr als 20 % (Allman 1998). Daraus folgt im Umkehrschluss: *Wer sich nicht sozial verhält, setzt sein Leben aufs Spiel.* Ein starkes soziales Netz steigert nachweislich die Lebenserwartung von Menschen (Klein 2010) – auch eine Erklärung dafür, warum Frauen in fast allen Kulturen länger leben als Männer, weil sie sich für die *Kinderbetreuung* und jetzt in zunehmendem Maße auch für die *Altenbetreuung* hauptverantwortlich fühlen. In die Zukunft übertragen bedeutet dies: Ältere Menschen, die sich um Kinder und Enkelkinder kümmern, verlängern ihre Lebenszeit. Elternzeit, Vätermonate und Familienpflegezeit wirken wie ein Lebenselixier: Sie bereichern und verlängern das Leben.

> Noch nie in der Geschichte der Menschheit hatte die Pflege der Generationenbeziehungen über zwei oder drei Generationen hinweg eine solche existenzielle Bedeutung. Generationenbeziehungen werden wichtiger als Partnerbeziehungen. Generationenbeziehungen halten ein Leben lang.

Gesellschaft, Wirtschaft und Politik werden sich in der nächsten Zeit auf ökonomische und soziale Probleme – wie seit über dreißig Jahren nicht mehr – einstellen müssen. Die Wohlstandswende kommt dann im Lebensalltag der nächsten Generation an: Ökonomisch gesehen wird es vielen nicht mehr so gut gehen wie heute. *Viele werden ärmer – aber nicht unglücklicher:* Denn ihr Wohlstandsdenken verändert sich; sie legen wieder mehr Wert auf *nachhaltigen Wohlstand*, der nicht nur von Konjunkturzyklen und Börsenkursen abhängig ist.

Sicherheit, Gerechtigkeit, Geborgenheit: Auf diese drei Säulen ist der nachhaltige Wohlstand im 21. Jahrhundert aufgebaut. Wenn der Staat sein Sicherheitsversprechen einlöst und das Prinzip der sozialen Gerechtigkeit nicht außer Acht lässt, dann sind auch die *Bürger* bereit, sich in unsicheren Zeiten wie *in einer Wagenburg* zusammenzuschließen und gemeinsam für ihr Wohlergehen selbst zu sorgen – wenn man sie nur lässt.

Vieles läuft in Zukunft auf eine geteilte Verantwortung von Staat und Bürgern hinaus. Für das Gemeinwohl fühlen sich dann wieder beide verantwortlich. »Verantwortung übernehmen« wird zur wichtigsten Zukunftskompetenz.

Wir wollen Zukunft! – so lautet die Forderung der jungen Generation. Wenn, wie die Altersforschung nachweist, die Menschen in Deutschland länger fit bleiben und länger leben, dann können sie auch länger arbeiten und müssen ihre Alterssicherung nicht einfach von der jungen Generation bezahlen lassen. Das erwartet die junge Generation von einer *Solidargemeinschaft*, die von mitmenschlichen Beziehungen und *Leistungen auf Gegenseitigkeit* lebt und nicht mehr nur einem Lotterie-spiel gleicht, bei dem die Jungen heute einzahlen – und nicht wissen, was sie morgen dafür bekommen. Das veränderte nachhaltige Wohlstandsdenken hingegen zielt auf eine soziale Wohlfühlgesellschaft, in der *Wohlstandswerte* auch *Gemeinschaftswerte* sind.

Zugleich verstärkt sich die Suche nach Sinn, Halt und Heimat. Im Zeitvergleich ist feststellbar, dass sich die Menschen wieder mehr für eine bessere Gesellschaft interessieren und auch mithelfen wollen, eine bessere Gesellschaft zu schaffen – durch mehr Familiensinn, mehr Gemeinsinn und mehr Bürgersinn.

So bleibt am Ende für jeden Einzelnen eigentlich nur noch eine ganz persönliche Zukunftsfrage offen:»*Wie will ich eigentlich leben?*« Wer persönliches Wohlergehen (und nicht nur materiellen Wohlstand) erreichen will, der/die sollte – neben den zehn Geboten – die folgenden *zehn Anleitungen und Empfehlungen für ein gelingendes Leben im 21. Jahrhundert* beherzigen:

1. Bleib nicht dauernd dran; schalt doch mal ab.

2. Versuche nicht, permanent deinen Lebensstandard zu verbessern oder ihn gar mit Lebensqualität zu verwechseln.

3. Knüpf dir ein verlässliches soziales Netz, damit dich Freunde und Nachbarn als soziale Konvois ein Leben lang begleiten können.

4. Mach die Familie zur Konstante deines Lebens und ermutige Kinder und Jugendliche zu dauerhaften Bindungen.

5. Definiere deinen Lebenssinn neu: Leben ist die Lust zu schaffen.

6. Genieße nach Maß, damit du länger genießen kannst.

7. Mach nicht alle deine Träume wahr; heb dir noch unerfüllte Wünsche auf.

8. Du allein kannst es, aber du kannst es nicht allein. Hilf anderen, damit auch dir geholfen wird.

9. Tu nichts auf Kosten anderer oder zu Lasten nachwachsender Generationen. Sorge nachhaltig dafür, dass das Leben kommender Generationen lebenswert bleibt.

10. Verdien dir deine Lebensqualität – durch Arbeit oder gute Werke: Es gibt nichts Gutes; es sei denn, man tut es.

C. ANHANG

I. Grundlagenliteratur

Alemann, U. von (u. a.): Die Bürger sollen es richten. In: Aus Politik und Zeitgeschichte, Jg. 61, Nr. 44/45 vom 31. Oktober 2011, S. 25–32

Allensbach/Generali (Hrsg.): Generali Altersstudie 2013, Frankfurt/M. 2012

Allman, J.: Parenting and survival in anthropoid primates: Caretakers live longer. In: Proceedings of the National Academy of Sciences of the United States of America 95 Nr. 12 (1998), S. 6866–6869

Allmendinger, J.: Wir können uns Karriere ohne Pause nicht leisten (Interview). In: Die Welt vom 14. Juli 2007

Barber, C.: Coca Cola und heiliger Krieg. Der grundlegende Konflikt unserer Zeit (»Jihad vs. McWorld«, New York 1995), München-Wien 2001

Baumert, J.: Schlichte Utopie (Interview). In: Der Spiegel Nr. 24 (2010), S. 39–44

Beck, U.: Jugendliche wollen in Projekten mitarbeiten (Interview). In: das baugerüst 1 (2005), S. XIV–XV

Beck, U.: Revolte der Überflüssigen. In: Süddeutsche Zeitung Nr. 263 vom 15. November 2005, S. 13

Berlin-Institut für Bevölkerung und Entwicklung (Hrsg.): Not am Mann, Berlin 2007

Bertram, H.: Familien, Familienbeziehungen im Lebenslauf. In: G. Baltes / L. Montada (Hrsg.): Produktives Leben im Alter, Frankfurt/M.-New York 1996

Bertram, H.: Familien leben. Neue Wege zur flexiblen Gestaltung von Lebenszeit, Arbeitszeit und Familienzeit, Gütersloh 1997

Bertram, H.: Getrennt wohnen – solidarisch leben. Die »multilokale Mehrgenerationenfamilie«. In: A. Lepenies (Hrsg.): Alt und Jung, Frankfurt/M. 1997, S. 79–84

Bertram, H.: Die verborgenen familiären Beziehungen in Deutschland: Die multilokale Mehrgenerationenfamilie. In: M. Kohli / M. Szydlik (Hrsg.): Generationen in Familie und Gesellschaft, Opladen 2000, S. 97–121

Birnbaum, Chr.: Die Pensionslüge, München 2012

Bolz, N.: Das neue Soziale in den Netzwerken. In: Wirtschaftsrat (Hrsg.): Deutschland im Jahr 2035, Darmstadt 2013, S. 55–66

Borscheid, P.: Geschichte des Alters, Münster 1987

Bourdieu, P.: Die feinen Unterschiede. Kritik der gesellschaftlichen Urteilskraft, Frankfurt/M. 1982

Broder, H.M.: Uns geht's ja schwarz-rot-gold. In: WELT AM SONNTAG Nr. 15 vom 13. April 2014, S. 2

BUND/Misereor (Hrsg.): Zukunftsfähiges Deutschland. Ein Beitrag zu einer global nachhaltigen Entwicklung, Basel-Boston-Berlin 1996

Club of Rome: Die Grenzen des Wachstums, Stuttgart 1972

Coleman, J.S.: Social Capital in the Creation of Human Capital. In: American Journal of Sociology 94 (1988), S. 95–120

Coupland, D.: Generation X. Geschichten für eine immer schneller werdende Kultur (»Generation X. Tales for an Accelerated Culture«, 1991), Hamburg 1992

Dettmer, M. (u. a.): Im Reich der Reichen. In: DER SPIEGEL Nr. 9 vom 27. Februar 2012, S. 62–72

Dirks, W.: Die Zukunft als Tabu. In: R. Jungk / H.J. Mundt (Hrsg.): Deutschland ohne Konzeption?, München-Wien-Basel 1964, S. 33–54

DIW Berlin (Hrsg.): Vermögensverteilung. Verf. M.M. Grabka / Chr. Westermeier. In: DIW Wochenbericht Nr. 9 (2014), S. 151–164

Dix, A.: Internationale Aspekte. In: H. Bäumler (Hrsg.): E-Privacy, Braunschweig-Wiesbaden 2000, S. 93–106

Duerr, H.P.: Vorwort. In: Chr. Boeser (Hrsg., u. a.): Kinder des Wohlstands, Frankfurt/M. 2000, S. 6–10

Ehmer, J.: Sozialgeschichte des Alters, Frankfurt/M. 1990

Enquete-Kommission des Deutschen Bundestages (Hrsg.): Zwischenbericht der Enquete-Kommission Demographischer Wandel. Herausforderungen unserer älter werdenden Gesellschaft an den einzelnen und die Politik, Bonn 1994

Enquete-Kommission des Deutschen Bundestages (Hrsg.): Zweiter Zwischenbericht Demographischer Wandel, Bonn 1998

Enquete-Kommission des Deutschen Bundestages: Demographischer Wandel – Herausforderungen unserer älter werdenden Gesellschaft an den Einzelnen und die Politik (Schlussbericht), Berlin: Drucksache 14/8800 vom 28. März 2002

Erhard, L.: Wohlstand für alle (1957), Köln 2009

Esch, K. (u. a.): Der aktivierende Staat. In: R.G. Heinze / Th. Olk (Hrsg.): Bürgerengagement in Deutschland, Opladen 2001, S. 519–547

Etzioni, A.: Jenseits des Egoismus-Prinzips. Ein neues Bild von Wirtschaft, Politik und Gesellschaft (»The Moral Dimension. Toward A New Economics«, 1988), Stuttgart 1994

Galbraith, J.K.: Die industrielle Gesellschaft, München-Zürich 1964

Gilbert, N. und G.: The Enabling State. Modern Welfare Capitalism in America, New York-Oxford 1989

Guggenberger, B.: Das digitale Nirwana, Hamburg 1997

Gundermann, L.: Das Teledienstedatengesetz – ein virtuelles Gesetz? In: H. Bäumler (Hrsg.): E-Privacy, Braunschweig-Wiesbaden 2000, S. 58–68

Handy, Ch.: Die anständige Gesellschaft (»The Hungry Spirit. Beyond Capitalism – The Quest for Purpose in the Modern World«, 1997), München 1998

Hanifan, L.J.: The rural school community center. In: Annals of the American Academy of Political and Social Science 67 (1916), S. 130–138

Havel, V.: Den »Westen« neu bestimmen. In: DIE WELT vom 8. Oktober 2001

Hessel, St.: Empört euch! 11. Aufl., Berlin 2011

Hessel, St.: Engagiert euch!, Berlin 2011

Hondrich, K.O.: Bedürfnisänderung und Aufklärung? In: K.M. Meyer-Abich / D. Birnbacher (Hrsg.): Was braucht der Mensch um glücklich zu sein?, München 1979, S. 123–134

Horx, M.: Der Mensch im Jahr 2000. In: Vision und Wirklichkeit (W+V und Süddeutsche Zeitung), München 1994, S. 26–28

Hübinger, W.: Prekärer Wohlstand. Neue Befunde zu Armut und sozialer Ungleichheit, Freiburg/Br. 1996

Hurrelmann, K.: Warum die deutsche Jugend stillhält. In: FINANCIAL TIMES Deutschland vom 1. Juli 2011, S. 50

Huxley, A.: Schöne neue Welt. Ein Roman der Zukunft (»Brave New World«, 1931/32), Frankfurt/M. 1981

Huxley, A.: Wiedersehen mit der Schönen neuen Welt (»Brave New World Revisited«, 1959), München 1987

Institut der deutschen Wirtschaft (Hrsg.): Vision Deutschland, Köln 2013

Ipsos/Opaschowski: NAWI-D/Nationaler WohlstandsIndex für Deutschland, Hamburg 2014

Jackson, T.: Wohlstand ohne Wachstum, München 2011

Jungk, R. / H.J. Mundt (Hrsg.): Deutschland ohne Konzeption? Am Beginn einer neuen Epoche, München-Wien-Basel 1964

Kahn, A. / A.J. Wiener: Ihr werdet es erleben (»The Year 2000«, 1967), Reinbek 1971

Keupp, H.: Eine Gesellschaft der Ichlinge? Hrsg. v. Sozialpädagogischen Institut im SOS-Kinderdorf e. V., München 2000

Kirchhof, P.: Freiheit als das Recht zur langfristigen Bindung. In: FAZ Nr. 303 vom 30. Dezember 2000, S. 8

Kirchhof, P.: Das Gesetz der Hydra. Gebt den Bürgern ihren Staat zurück!, München 2006

Kirchhof, P.: Wachstum ohne Wert. In: FAZ Nr. 69 vom 22. März 2013, S. 7

Klein, St.: Der Sinn des Gebens. Warum Selbstlosigkeit in der Evolution siegt und wir mit Egoismus nicht weiterkommen, Frankfurt/M. 2010

Kohli, M.: Der Alters-Survey als Instrument. In: M. Kohli / H. Künemund (Hrsg.): Die zweite Lebenshälfte, Opladen 2000, S. 10–32

Kruse, A. (u. a.): Generali Hochaltrigenstudie, Köln 2014

Layard, R.: Die glückliche Gesellschaft. Kurswechsel für Politik und Wirtschaft, Frankfurt/M. 2005

Lehr, U.: Subjektiver und objektiver Gesundheitszustand im Lichte von Längsschnittstudien. In: Medizin, Mensch und Gesellschaft 7 (1982), S. 242–248

Lepenies, A.: So alt wie das Jahrhundert. In: Dies. (Hrsg.): Alt & Jung. Das Abenteuer der Generationen, Frankfurt/M. 1997, S. 85–90

Liebau, E. (Hrsg.): Das Generationenverhältnis. Über das Zusammenleben in Familie und Gesellschaft, Weinheim 1997

Lobo, S.: Die digitale Kränkung des Menschen. In: Frankfurter Allgemeine Sonntagszeitung Nr. 2 vom 12. Januar 2014, S. 37

Löwer, Chr.: Arbeit ist kein Störfaktor. In: Süddeutsche Zeitung vom 29./30. März 2003

Lotz, S.: Gerechtigkeit im Sozialstaat. In: M. Gollwitzer (u. a.): Soziale Gerechtigkeit, Göttingen (u. a.) 2013, S. 139–155

Max-Planck-Institut für Bevölkerungsforschung, Rostock 2013

Meisner, J.: Der Kirche ist das Mysterium verlorengegangen (Interview). In: Die Welt vom 5. Juli 1999, S. 6

Merkel, A. (Hrsg.): Dialog über Deutschlands Zukunft, Hamburg 2012

Miegel, M.: EXIT. Wohlstand ohne Wachstum, Berlin 2010

Mohl, H.: Die Altersexplosion. Droht uns ein Krieg der Generationen?, Stuttgart 1993

Moulin, M.: Liebe auf Distanz. In: DIE ZEIT Nr. 37 vom 5. September 2013, S. 65

Naegele, G.: Vom Dreieck zum Pilz. Der demographische Wandel. In: Argumente zur Verbraucherpolitik 3 (1999), S. 4–15

Naegele, G.: Arbeit trotz Rente. In: Generali Altersstudie 2013, Frankfurt/M. 2012, S. 104–108

Negroponte, N.: Total digital. Die Welt zwischen 0 und 1 oder Die Zukunft der Kommunikation (»being digital«, 1995), München 1995

Nuber, U.: Warum wir uns langweilen. In: PSYCHOLOGIE HEUTE (1990), S. 21–26

OMC/Oxford Commission for Future Generations (Ed.): Now for the Long Term, Oxford 2013

Opaschowski, H.W.: Freie Zeit ist Bürgerrecht. Plädoyer für eine Neubewertung von »Arbeit« und »Freizeit«. In: AUS POLITIK UND ZEITGESCHICHTE (Beilage zur Wochenzeitung DAS PARLAMENT B 40/74), Bonn vom 5. Oktober 1974, S. 18–38

Opaschowski, H.W.: Arbeit, Freizeit. Lebenssinn? Orientierungen für eine Zukunft, die längst begonnen hat, Opladen 1983

Opaschowski, H.W.: Freizeitalltag von Frauen. Zwischen Klischee und Wirklichkeit (BAT Grundlagenstudie zur Freizeitforschung, Bd. 9), Hamburg 1989

Opaschowski, H.W.: Generation @. Die Medienrevolution entlässt ihre Kinder: Leben im Informationszeitalter, Hamburg-Ostfildern 1999

Opaschowski, H.W.: Deutschland 2030. Wie wir in Zukunft leben, Gütersloh 2013

Opaschowski, H.W. / U. Reinhardt: Vision Europa. Von der Wirtschafts- zur Wertegemeinschaft, Hamburg 2008

Orwell, G.: 1984. Roman (»Nineteen-Eighty-Four«, 1949), 10. Aufl., Frankfurt/M.-Berlin 1993

Orwell, G.: 1984 (Roman, 1949), Frankfurt/M.-Berlin 1994

Phelps, E.: Deutschland muss das Neue umarmen. In: DIE WELT vom 27. Januar 2007, S. 12

Popp, R. (Hrsg.): Zukunft und Wissenschaft, Berlin-Heidelberg 2012

Popp, R. / U. Reinhardt: Zukunft des Alltags, Berlin 2013

Putnam, R.D.: Bowling Alone, New York-London-Toronto-Sydney-Singapore 2000

Putnam, R.D. / K.A. Goss: Einleitung. In: R.D. Putnam (Hrsg.): Gesellschaft und Gemeinsinn, Gütersloh 2001, S. 15–43

Radermacher, F.J.: Deutschland 2035: Stärken stärken. In: Wirtschaftsrat Deutschland (Hrsg.): Deutschland im Jahr 2035, Berlin 2013, S. 79–87

Redelmeier, D. / S. Singh: Survival in academy award-winning actors and actresses. In: Annals of Internal Medicine No. 134 (2001), S. 955–962

Reinhardt, U. (Hrsg.): United Dreams of Europe, Rottach-Egern 2011

Reinhardt, U. / G.T. Roos (Hrsg.): Wie die Europäer ihre Zukunft sehen, Darmstadt 2009

Sachverständigenrat zur Begutachtung der gesamtwirtschaftlichen Entwicklung (Hrsg.): Die Finanzkrise meistern – Wachstumskräfte stärken (Jahresgutachten 2008/09), Berlin November 2008

Sattler, K.-O.: Blick in einen Mikrokosmos der Demokratie. In: DAS PARLAMENT, Jg. 55, Nr. 1/2 (3./10. Januar 2005), S. 3

Schmidt, R.: Familie. Die soziale Mitte. In: K. Deufel / M. Wolf (Hrsg.): Ende der Solidarität? Die Zukunft des Sozialstaats, Freiburg/Br. 2003, S. 81–87

Schulze, G.: Die Erlebnisgesellschaft. Kultursoziologie der Gegenwart, Frankfurt/M.-New York 1992

Scitovsky, T.: Psychologie des Wohlstands (»The Joyless Economy«, 1976), Frankfurt/M.-New York 1977

Shell Deutschland Holding (Hrsg.): Jugend 2006. Eine pragmatische Generation unter Druck (15. Shell Jugendstudie), Frankfurt/M. 2006

Siems, D.: Von den Kanadiern können wir lernen. In: DIE WELT vom 16. Juni 2011, S. 8

Spaemann, R.: Moralische Grundbegriffe, München 2009

Süssmuth, R.: Demokratie: Mangelt es an Offenheit und Bürgerbeteiligung? In: AUS POLITIK UND ZEITGESCHICHTE, Jg. 61, Nr. 44/45 vom 31. Oktober 2011, S. 3–7

Szczesny-Friedmann, C.: Die kühle Gesellschaft. Von der Unmöglichkeit der Nähe, München 1991

Taleb, N.N.: Antifragilität. Anleitung für eine Welt, die wir nicht verstehen, 2. Aufl., München 2013

Tocqueville, A. de: Über die Demokratie in Amerika (»De la démocratie en Amérique«, 1835), München 1985

Vester, F.: Alter und Einsamkeit. In: Ders.: Phänomen Stress, München 1978, S. 303–353.

Weber, M.: Wissenschaft als Beruf. In: H. Bauer (Hrsg., u. a.): Gesamtausgabe Max Weber, Bd. 17, Tübingen 1992, S. 71–113

Weizsäcker, C.C. von: Interview »Macht mehr Schulden!«. In: DER SPIEGEL Nr. 52 vom 21. Dezember 2013, S. 64–65

Wilkinson, H.: Kinder der Freiheit. In: U. Beck (Hrsg.): Kinder der Freiheit, Frankfurt/M. 1997, S. 85–123

Wippermann, P. / J.Krüger: Werte-Index 2014, Hamburg 2014

Wollseifer, H.P.: Interview »Die Rentenpolitik ist falsch«. In: HANDELSBLATT Nr. 14 vom 20. Januar 2013, S. 8

Zellmann, P.: Die Zukunftsfallen. Wo sie sich verbergen. Wie wir sie umgehen, Wien 2007

Zellmann, P.: Die Zukunft der Arbeit. Viele werden etwas andres tun, Wien 2010

Zellmann, P. / H.W. Opaschowski: Die Zukunftsgesellschaft, Wien 2005

II. Methode und empirische Basis der Repräsentativstudie

Den Daten und Grafiken liegen – sofern nicht anders ausgewiesen – aktuelle Repräsentativerhebungen in Deutschland zugrunde, die im Auftrag des Autors und auf der Grundlage des ihm entwickelten Forschungskonzepts vom Institut IPSOS GmbH in Hamburg/Mölln durchgeführt wurden. Befragt wurden *repräsentativ 1.000 Personen ab 14 Jahren in Deutschland* im Zeitraum von *Januar bis April 2014.*

Zusätzlich wurden Daten ausgewertet auf der Basis des Nationalen WohlstandsIndex für Deutschland (NAWI-D). *Zwischen Juni 2012 bis März 2014* wurden hierfür insgesamt *16.000 Personen ab 14 Jahren* in Deutschland danach befragt, was zu ihrem Wohlergehen beiträgt und wie sie ihre persönliche Wohlstandswirklichkeit einschätzen.

Zur Grundgesamtheit der Repräsentativumfragen gehört die in privaten Haushalten lebende *deutschsprachige Wohnbevölkerung* der Bundesrepublik Deutschland. Die Stichprobenstruktur spiegelt die amtliche Statistik wider.

Die vorliegende Untersuchung wurde als *computergestützte persönliche Befragung* (»Computer Aided Personal Interview«/ C.A.P.I.) im Rahmen einer Mehrthemenumfrage durchgeführt. Solche Umfragen sichern durch ihre Themenmischung am besten die Neutralität und Qualität der Stichprobe.

Die *Personenauswahl* erfolgte auf der Basis eines institutseigenen Stichprobennetzes nach dem Random-Route-Verfahren: Nach festgelegten Begehungsregeln wurden die Befragungshaushalte aufgesucht. Durch ein Zufallsverfahren wurde die

Zielperson für die Befragung ausgewählt, die als nächste Geburtstag hatte (»*Geburtstagsschlüssel*«). Um ein Interview mit der Zielperson zu erhalten, wurde der Zielhaushalt bis zu dreimal kontaktiert.

Für die Befragung von jeweils 1.000 Personen wurden *200 Interviewer* eingesetzt. Damit entfielen auf jeden Interviewer etwa fünf Interviews. Die Feldarbeit der Interviews wurde von IPSOS durch Supervisoren auf korrekte Durchführung *kontrolliert*.

212